103歳、名言だらけ。

なーんちゃって

哲代おばあちゃんの長う生きてきたからわかること

石井哲代・中国新聞社

文藝春秋

はじめに「長う生きてきた集大成が今の自分です」

わたくし、石井哲代と申します。100歳のおばあさんでございます。え、違う？　さばを読んどりました、103歳じゃそうでございます。広島県尾道市の田舎《いなか》の集落で、何とかかんとか一人暮らしをしております。

昨年（2023年）、私の暮らしぶりをまとめた本を出していただいたんです。するとまあ、有名人になってしまいました。「ファンになりました」なーんてお手紙をいただいたりして。この年で全国に知り合いができたようで、うれしゅうてね。こがあな年寄りの話、何が面白いんかよう分からんのですが、すっかり気を良くしておるんでございます。

すると今度は2冊目を出すというじゃありませんか。わおーわおー、びっくらでございます。中国新聞の記者さんが、飽きもせずにうちに通ってくださってなあ。この1年で聞き取ったことをまとめてくださるんだそうです。

思い返せばいろいろありました。例えば去年の冬、わが家の台所にエアコンがやってきたの。運動のつもりでストーブの灯油を自分で入れては暖をとっておったんですが、「火の元が心配だから」って姪《めい》たちが取り付けてくれました。ガスレンジも電気のヒーターに取り替えたんです。デイサービスに行ったら髪の毛が焦げとるって言われてねえ。自分じゃあそんな覚えはないんじゃけど、みんながガスもストーブも危ないって。一気に文明開化です。

おばあさんの1年は、若いみなさんの何年分かに当たるのかもしれませんなあ。100歳のころは「自分のできることは自分で」なんて息巻いておったんですが、いよい

2023年1月、1冊目の本の発売にあわせて
書店に置いてもらう色紙を書く哲代さん

よできることが少のうなってきました。自分の中で起きておる変化の大きさに、さすがの哲代さんも気落ちすることがあります。のんきじゃないんでございますよ、わたくしだって本当はね。

じゃがね、自分を認めてあげるしかないんですね。後ろ向きな気持ちを受け流したり、隠したりすることを覚えながら、らくな気持ちでおること。長う生きてきた集大成が今の自分です。しょんぼりしよったら、人生を否定したみたいになりますね。心だけは柔らこうにして、おばあさんはいつも機嫌よう過ごしていたいです。なーんちゃって。

この本に書いておることは偉そげに聞こえるかもしれませんが、おばあさんが自分の心に言い聞かせておる言葉たちでございます。口だけになっちゃいけませんなあ。「くたびれるなよ、しゃんとせえよ」。あの世で夫も、そう励ましてくれとる気がします。

自分をご機嫌にする「ひとり時間」の楽しみ方

一人きりで過ごす時間は寂しい気持ちになりがち。でも「特別な楽しみを加えるんでございます」。哲代さんはそう言って、かけがえのないひとときに変えてしまいます。そんな哲代さん流のひとり時間の楽しみ方とは？

1　アルバムをめくる

こう見えて私、昔はカメラが趣味でございまして。地域の子どもたちを撮った古い写真がようけあるんです。さっきも昔のアルバムを引っ張り出して見とったの。これはいつ撮ったんかな。昭和60（1985）年ですか。見てみてください。かわいいでしょう。

このころは、子どもたちが学校帰りに「喉が渇いた」ってうちに寄るから、いつも井戸水を冷やしては庭先に置いとったの。おいしそうに飲む姿を撮っては焼き増しして配っておりました。それが私の楽しみでもあったん。自分用にアルバムに収めておいてよかったです。こうやってたまに眺めて楽しんでいます。それにしてもあのカメラ、どこへいったんじゃろうか。今は行方不明でございます。

2 ドリルを解く

小学校の先生をしておりましたからな。子どもたちに繰り返し教えた読み書きやら計算やらは、体が覚えとるんでございます。

いつぞやに姪が買ってきてくれた算数ドリルでも、新聞の折り込みの漢字の脳トレでも、何でもいいの。ちょっと時間があればやっとります。なんべんも力試ししたいから答えはノートに書くんです。まあ今のところ、だいたい100点でございますなあ。

へへへ。このノートも、もう書くところがなくなりそうです。

3　甘い物を食べる

甘い物を食べると気分が上がりますね。今日はビッグサイズのプリンをいただきました。食べきれたかって？　こんなの、ぺろりんです。

シュークリームもどら焼きも、おはぎも何でも好き。家に甘い物が何もないとちょっと心細い気がするん。みんなでわいわい食べるのもおいしいですが、一人でひっそり、じっくり味わうのもええもんです。

4 特等席に座る

日中はたいてい人が来てにぎやかじゃが、時に誰も来ん日があります。そんな時は縁側に座って家の前に広がる山や田畑をぼーっと眺めるのが好きです。季節ごとに違う表情を見せてくれるから、ちっとも飽きんの。縁側は家の中で一番心が落ち着く場所。特等席でございます。冬場でも日が差し込んで一日中ぽかぽかです。暖かいから靴下もいりませんね。

77年前、この家に

嫁いできました。子どもを授からなんだからね、農家の嫁として失格じゃあという気持ちを抱えて生きてきました。子だくさんが当たり前の時代に、後継ぎがおらんのじゃもの。後ろ指を指されんようにと、教師の仕事も畑仕事も家のことも精いっぱいやりました。

あのころは、ここにのんびり座る時間などなかったなあ。外側では気を張って、内側では涙を流して。そんなわたくしの人生を、この家はよう知ってくれております。

嫁いできたころ、ここから見る山はもう少し小さかった気がします。長い年月で木々も成長したんでしょうな。こがあに長く生きさせてもろうとるのだから、私も成長せんといけんという気分になるんです。

5　詩を書く

本や新聞をよく読みますが、書くことも好きです。以前は新聞に投書したり俳句を詠んだりしていました。今でも詩はたまに書きます。書くと気持ちが落ち着きます。

先日、神戸にいる妹の桃ちゃん（桃代さん）に会ってきたの。そのときの気持ちも詩にしました。妹は七つ下で、幼いころはよくおんぶして子守したもんです。ずいぶん前から寝たきりで今は施設におります。目も閉じとって話をすることもできんのです。コロナでなかなか会いに行けなかったから、うれしくて。でも、感染予防のため窓越し（実際はアクリル板越し）じゃったから、もどかしかったです。その詩も本に載せるんですか。わおーわおーでございます。

詩を書く哲代さん

桃ちゃん　　石井哲代

わたしの背中で大きくなった
桃ちゃん　あなたは温かくて
吐息がくすぐったくて
可愛い　可愛い
たった一人の妹
あなたにふれたい
ぬくもりをたしかめたい
ねえ　ねえ　目を開けて
手を握って
二人を隔てるガラス
なんと厚いことでしょう
桃ちゃん　桃ちゃん
この声届いているよね

哲代さん(左)と桃代さん(1943年撮影)

もくじ

※本文中の肩書きや年齢は2023年の取材時のものです

少々しんどうても、好きな物、
食べたいと思うもんをしっかりいただく。
食べんことには元気が補充できませんから。

第一章　今、このときを生きる

哲代さんが１０３歳の今を語ります。
体の変化をしなやかに受け入れ、心を自由に羽ばたかせて、
生きることにやっぱり手抜きはありません。

１０３歳、一人暮らし

１０３歳になったころに二度入院したんです。足の感染症やら、関節の痛みやらが出てしもうて。合わせて50日ほど病院におりました。**入院中はしんどかったですけど、一人暮らしを終えようとは思わなんだねえ。**

退院後、１カ月ほど姪の弥生さん（坂永弥生さん、70歳）の家でお世話になりました。お姫さんのように大事にしてもろうて極楽みたいな所です。家族がようけおって、い

わが家に戻った哲代さん。「長いこと顔見せんかったねえ。忘れられとるんじゃないかと心配してました」と冗談で記者を出迎えてくれた

つもいろんな声がしてにぎやかでね。朝は小学校に行く幸《こう》ちゃん（弥生さんの孫の幸之介さん）の「行ってきまーす」って声が聞けるのもいい。

でもやっぱり自分の家がええんですねえ。手足を思い切り伸ばせるいうんかな。いくら弥生さんと私の仲でも無造作に勝手なことはできんから。私でもちょっとはよそ行きな感じになるんでございます。なーんちゃって。

　それに、家で待っておられる仏さん（仏壇）を早う掃除せんといけんと思うたりしてねえ。ほこりが重たいぞってご先祖さまが怒りよってんじゃないかなんて想像すると、気が急《せ》いてしまって。こう見えて、家の主《あるじ》でございますから。

ヘルパーさんと庭掃除をしながら
「家が前よりきれいになりよるねえ」と喜ぶ

　いろんな人に助けてもろうて、支えてもろうての一人暮らしです。今は週に3回、デイサービスに行かせてもらっとります。ヘルパーさんに来てもらう日も増やしました。姪た

ちゃご近所さんも様子を見に来てくれる。じゃが、**してもらうんが当たり前になっちゃいけんといつも思うとります。自分も何か返せたらええなあ。何ができましょうかなあ。**

自分をねぎらってやりたいです

畑にもこの1年はあんまり出んようになっとります。何でかって？　サボることを覚えたんでございます。金丸《かなまる》先生（近所に住む親戚の金丸純二さん。元学校の先生で、今は畑仕事を手伝ってくれる「弟子」）が畑の世話をようやってくれてじゃし、甘えておるんでございます。動こうと思っても、体が言うことを聞いてくれんようになって。

それでもね、ちいと前まではこれじゃあいけんと自分を叱るもう一人の「鬼哲代」がおりました。しゃんとせえ！　ってな。**言い訳や横着しようと思えばいくらでもできる。甘えとったら、坂道を転げるように自分の力が落ちていく気がしてねえ。**

畑仕事の弟子、金丸先生と(2022年3月撮影)

じゃが、それから二度入院して、いよいよ横着もんになりました。庭の枯れ葉がたまっとってもそっちを見んようにしたり、夏の草むしりも熱中症になっちゃいけんって先延ばしにしたりして。ついついサボる言い訳を探してしもうとるの。「鬼哲代」もしょせん弱っちいんでございます。

やっぱり年をとったなあと思うんです。それが本音でございます。**１０３年も一緒に歩んできた体じゃけえな。叱るんも喝を食らわすんも、ち**

いとかわいそうな気がしております。近ごろは、鬼は封印して、「しんどぃなあ、よう頑張っとるなあ」ってねぎらってやりたぃと思うようになりました。

本当は悔しいんじゃが100点のラインをぐんと下げて、ええじゃん、ええじゃんとヘラヘラ笑って過ごすようにしとります。**できん、できんと嘆くんじゃのうて、ああ、これができた、あれもできたって、一つ一つに大喜びしながら自分を盛り上げるっていうんかな。悩んでもどうにもならんことは「仕方がナイチンゲール」と笑いに変えて、機嫌よう**

「おいしいお茶を淹れるぞ」と声に出して気合を入れる

暮らすことが、らくに老いるコツじゃと思うんです。

よし、おいしいお茶を淹《い》れるぞ、みそ汁を作るぞって声に出して気合を入れて、一生懸命に取り組んでおります。**この瞬間を大事に大事に生きていきたいです。笑って生きても泣きながら生きても、同じ一生ですね。**最後にすがすがしいのはどっちでしょうか。

家の前の急な坂（2021年6月撮影）

心だけは忙しゅう動きます

それにしても103歳なんてお化けですね。よう生きとるなあと自分でもびっくらでございます。じゃがさすがに足が弱ってきました。家の前の坂の上り下りが、退院してからはまだ思うようにできんのです。**長いこと「これを行き来できるうちは**

大丈夫」って自分に言い聞かせてきたん。だから、これぱかりは簡単に諦めるわけにはいかんのです。

坂の下のガレージにタッタタッタ（愛車のシニアカー）がおってくれます。たどり着けたら墓参りにも集会所にもターッと連れて行ってくれる。まだ本気出しとらんだけ。えっちらおっちら、塀をつたって練習せんといけませんなあ。

昨日はね、よりちゃん（近所の兼久世利子さん、70歳）に電話したんです。私が退院して家に戻った日に寄ってくれたっきり、半月も顔を見せんからどうしょうるんかと思ってね。そしたら夏風邪ひいてるって。

心配じゃから今日はよりちゃんの家に様子を見に行こうと思ってました。気になりだしたら心が急いてね。ここから1・2キロくらいかねえ。ほうてでも坂を下りてタッタタッタで行くぞと算段しよったら、今朝ひょっこりよりちゃんがうちに来てくれて。思いが通じたんかね。元気そうでほんまによかった。

あの子はね、私より30歳ほど若いんですが妹のような存在です。昔から慕うてくれて心安いの。一生懸命に野菜を作って、地域のお世話もしてくれる働き者なん。最近、関節リウマチで手が痛んで車の運転をやめたんじゃそうです。

台所に立つ哲代さんとよりちゃん。
手を動かしながら、気の合う二人のおしゃべりは止まらない

体が弱いから心配です。

こうやってなんとか一人暮らしをさせてもろうとります。できんことが増えて悔しいねと思う気持ちと、いろんな人に支えてもらってうれしいねと思う気持ちと。**体は思うように動かんけれど、心だけは自由です。ドクンドクンと活発に動くんでございます。こちらはさびついとりませんよ。何ごとも思い切り喜んだり、悲しんだりして、ああ今日も生きたぞと感謝する日々なんでございます。**

できること、たくさん

100歳のころはまだ気が張っておりました。**今日は何をしようか、何を食べようか。自分で考えて自分で決めたい。わたくしの人生ですもの、人任せは嫌じゃと思うとりました。**それは紛れもなく本心だったんでございます。じゃが、今はそがあな偉そうなことはよう言いません。**あれから三つ年をとって、無性に人に甘えたくなる自分がおるんですねえ。**

最近は1週間のうち4日を家で過ごして、残り3日はデイサービスに行かせてもろうてます。それが今の私にはちょうどええの。歩くのがしんどうなって、物忘れもはあ、すごいんでございます。家での時間はやっぱり自分だけが頼りですけえな。頭を常に緊張させて、しゃんとせんといけません。だから職員さんに身を委ねるデイサービスは休息の時間じゃなあと思うとります。

諸行無常といいますね。心も体も変化していきます。**今この一瞬一瞬が本当の自分なんじゃと思うの。見失わんように、自分の心と対話することが増えたような気がしております。**

こう話しとると、私の心はまるで柳の木のよう

デイサービスでの体操。
「パーンチ!　腕を伸ばすと気持ちがええですねえ」

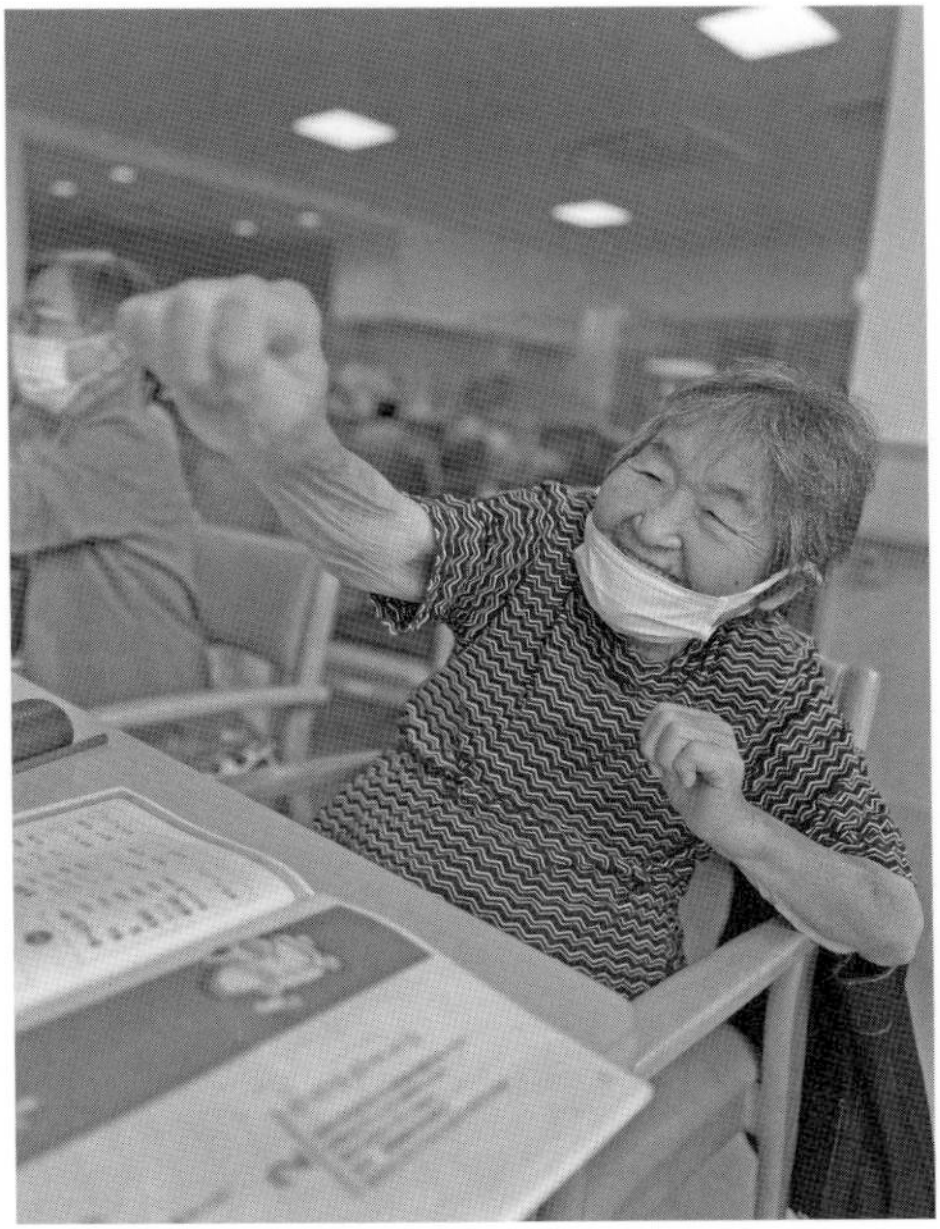

デイサービスでは脳トレやキャッチボールも

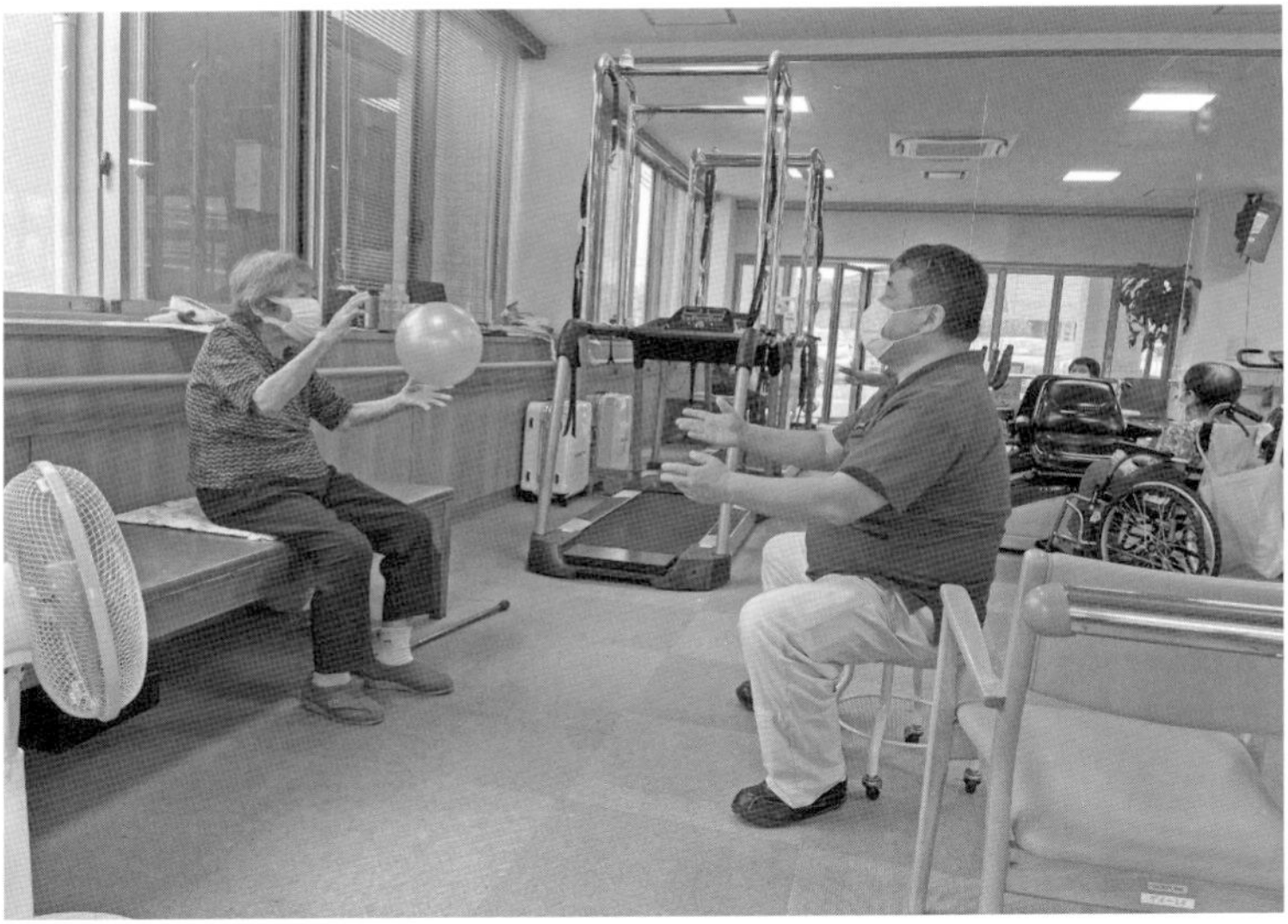

ですね。若いときは、柳の枝みたいにあっちに寄ったりこっちに寄ったりしたらいけんと思うとりました。「信念を貫く大木のような人に」って学校でも子どもらに教えたもんです。今となっては、柳の枝もええなあと思います。

ただね、なんでも職員さん任せじゃいけません。**利用者の中じゃあぶっちぎり最高齢のおばあさんですが、できることはたくさんあるんじゃないかと思うわけでございます。**

簡単に言えばムードメー

カーってやつです。デイサービスにおる時間、人より大きな声で歌って伸び伸び体操やら運動やらをさせてもらうん。職員さんらが気持ちように思うてくれるとええ。やりがいを感じてくださったらええなあ。じゃから「ここに来てよかった、楽しいよ」って、体全体で表現して伝えたいんです。

他の利用者のみなさんにも「頑張りましょう」「歌いましょう」って声をかけるの。職員さんが言うより、利用者同士が言うのがええと思います。**ここでの時間をありがたく受け取って、みんなで喜びたいですから。**

病院なんかでも、してもらって当たり前と思うて威張ったり、看護師さんに横柄なことを言ったり、むすっとしたりする年寄りを見かけますね。「してもらうことに慣れちゃいけん」って、そう言うてやりたいけどそこまでは言えんからね。お口チャックで見んようにしとるんでございます。

デイサービスでは優しゅうにしてもらって、風呂に入れてもらって。国家の費用を使ってぜいたくさせてもろうとるなあ。ほんまにありがたいことです。こんなええ制度は、あなたら（記者たち）の時代になったらあるかないか分からんね。行くところがのうて、あなたら街をふーらふらしとるかもしれんよ。

よぼよぼで。ふふふ。わたくしはあの世から、「頑張れよー」って応援してあげますけえね。

取材記者のまなざし

デイサービスで哲代さんはどんなふうに過ごしているのだろう――。「まあ一度見に来てみなさい」と哲代さんに誘われてお邪魔してみた。

尾道市のきらら桜並木デイサービスセンター。昼下がり、哲代さんは窓のそばのテーブルで脳トレ問題を解いていた。難問にぶつかっているのか、ひたすら目の前の問題集に集中している。職員さんに声をかけられ、ようやく私たちに気付いた。「わおー、よう来なさった」。こちらを見て、驚いたような笑顔で手を振った。

「石井さんの隣の席は人気なんですよ」。管理者の江藤友理子さんが教えてくれた。室内には四人掛けのテーブルがいくつかあるが、満席は哲代さんのところだけのよう。**向かいの席に座っていた利用者は「石井さんは元気だから一緒**

歌詞を忘れても気にせず伸びやかに歌い上げる

におるとにぎやかで楽しいの」とにこにこしている。

哲代さんは初対面の人ともすぐに打ち解ける。「あなた、どこの生まれ？　私は上下《じょうげ》（広島県府中市上下町）」と人懐っこく話しかけて「私、何歳に見える？」と話題を広げる。江藤さんも**「『きょうは初めての利用者さんが来るから、石井さんお願いしますね』と頼むと、張り切っておしゃべりの輪に入れてくれるんです」**と頼りにしている。

とにかく場を和ませ、盛り上

げようとしているのが分かる。体操の時間、手本を見せる職員さんに対し、「すごいね。先生の体はうまいこと動くねえ」と大きな声を飛ばす。「イチ、ニイ、サンッ」とかけ声も忘れない。「鼻から大きく息を吸って深呼吸」と言われれば、腕を大げさに広げて「空気を全部吸ったらどうしましょうー」。誰も笑ってくれないから、一人でくくっと笑う。

カラオケでは「みなさん、大きな声で歌いましょうで」と他の利用者を促し、リクエストした童謡のメロディーが流れると気持ちよさそうに体を揺らす。**タクトを振るように腕をしならせ、歌詞を忘れても「♪わ〜か〜りませ〜ん、らら〜」と自由に替え歌を響かせた。**

ああ、やっぱり想像通り。**ムードメーカーとしての実力を発揮している。自分も目いっぱい楽しむことで職員さんに感謝の気持ちを伝え、他の利用者を元気づける――。場を大切に、人を大切にする哲代さんらしい。**

哲代さんが考える「103歳の自分にもできること」。それは、哲代さんにしかできないことのようにも思える。いつも、小さな体でやってみせてくれる。いつか真似ができたらいいなと、その姿を胸に刻んでいる。

先生だったころのように、他の利用者が取り組んだドリルの丸付けを手伝う

これができた、
あれもできたって、
一つ一つに
大喜びしながら
自分を盛り上げる。

第二章　経験の一つ一つが宝物

哲代さんは20歳から56歳まで小学校の教師をしていました。農家の嫁として畑仕事にも精を出し、さらには自宅で寝たきりの姑《しゅうとめ》の介護にも励みました。

「人生に無駄なことはありません。１０３歳のおばあさんが言うんだから本当です」

経験の一つ一つが今の自分をつくっていると、哲代さんは言います。

ちょっと助けてやると子どもは変わる

太平洋戦争が始まる前年の1940年に20歳で小学校の先生になりました。駆けっこだけは得意中の得意じゃけど、勉強は嫌いだったん。それでも、学校の先生が父に師範学校への進学を勧めたらしくてね。毎晩、先生の家に通って勉強を教えてもらって、三原女子師範学校の入学試験に合格したんでございます。**今となっては、先生や父の言う通り教師になって本当によかったと思うとります。**

最初に赴任したのは吉野尋常高等小学校（現・広島県府中市上下町）でした。家から1里（約4キロ）の距離を歩いて通っておりました。家には自転車はあったんですが、よう乗らんから仕方なく。

そうしたら、見かねた上級生の男子3人が「練習しよう」って声をかけてくれてね。放課後になると学校で猛特訓してくれたの。後ろを支えて走ってくれて。夏休み前にようやく一人で乗れるようになったんです。うれしかったですねえ。それから56歳で教師をやめるまでの間、自転車には大変お世話になりました。

担任をした学級には全て思い入れがありますねえ。中でも悪ガキぞろいだった3年生63人の学級を受け持った経験が私の教師の原点じゃと思います。その学級で、私は毎日怒り過ぎて声が出んようになったの。みんな授業中でも勝手にトイレに行くし、とにかく時間にルーズなんです。

そこで放課後、子どもたちに廃品回収をさせることにしました。みんな面白がってね。リヤカーを引いて街のあちこちで釘《くぎ》などの金物をもらい歩くんでございます。**それを換金して小さな時計を買って教室に置いたんです。「あなたらが買った時計じゃから、これからは時間を守らんといけんよ」って言うてね。**

それからです。子どもたちは時

教師就任の日の記念写真（1940年撮影）

教師時代の哲代さん(手前)。運動会だろうか、子どもたちと笑顔を見せる

計を見て動けるようになって、学級がだんだんと落ち着いてきたの。こちらがちょっと助けてやると子どもたちは変わるんですね。それを目の当たりにした出来事でした。

子どものええとこを探してやる

教師になって無我夢中だった駆け出しの日々は、今も忘れられません。昔は1、2年生だと学校でお漏らしする子がけっこういました。常に着替えを2、3枚用意しておいて、**汚れたパンツとお尻を学校の前の川で**

洗ってやるんでございます。通りかかったバスの運転手さんが「先生やりよるのー」って声をかけてくれるの。みんなが見守ってくれていました。それにしても、子どもも先生にお尻を洗われても嫌がりもしないで。かわいいもんです。昼休みには、日だまりに子どもたちを座らせて順番に爪を切って髪をとかし、鼻水を拭いてやるのが日課でした。親もその日を生きることで精いっぱいの時代です。きょうだいも多くて、子ども一人一人の身の回りのことに手が回らんでしょう。

子どもらも、めったに親に甘えることができんのですから。手を握り、頭をなでて伝えてやりたかったんです。あなたが大切なんよ、いとおしい存在なんよって。

そうそう、家から学校まで4キロの道のりを、わら草履《ぞうり》で歩いて通う子もおってなあ。久美ちゃんっていうんですが、早生まれで体も小さいん。それが毎日ひと山越えて来るんです。よう来た、よう来たって、それだけでいとおしゅう思うておりました。

子どもはね、ええとこを探してやらんといけんと思うんです。悪いところ、

できないところはみんな自分でもよう分かっとるんじゃから。私は「あゆみ」（通知表）にはええことだけを書いておりました。そこを伸ばしてくれたら、それでええという思いでしたね。

未来は子どもたちのものです

教師になった翌年に太平洋戦争が始まりました。1941年12月8日。その日の朝礼の光景は忘れられません。

大霜が降りた寒い朝でした。朝礼台に立つ校長は興奮して頭からは湯気が立っておりました。「戦争が始まったのだ」と言われてもピンとこなくてね。霜で真っ白になった台から滑り落ちるんじゃないかと、ハラハラして見ておりました。

でも徐々に戦争の影響を色濃く受けるようになりました。運動会の競技も、女子はなぎなた、男子は銃剣術が加わりました。食べるもんものうなってきたので、運動場にサツマイモを植え、子どもたちとドングリやヨモギを集めに行

戦時中の竹やり研修を再現してみせてくれた

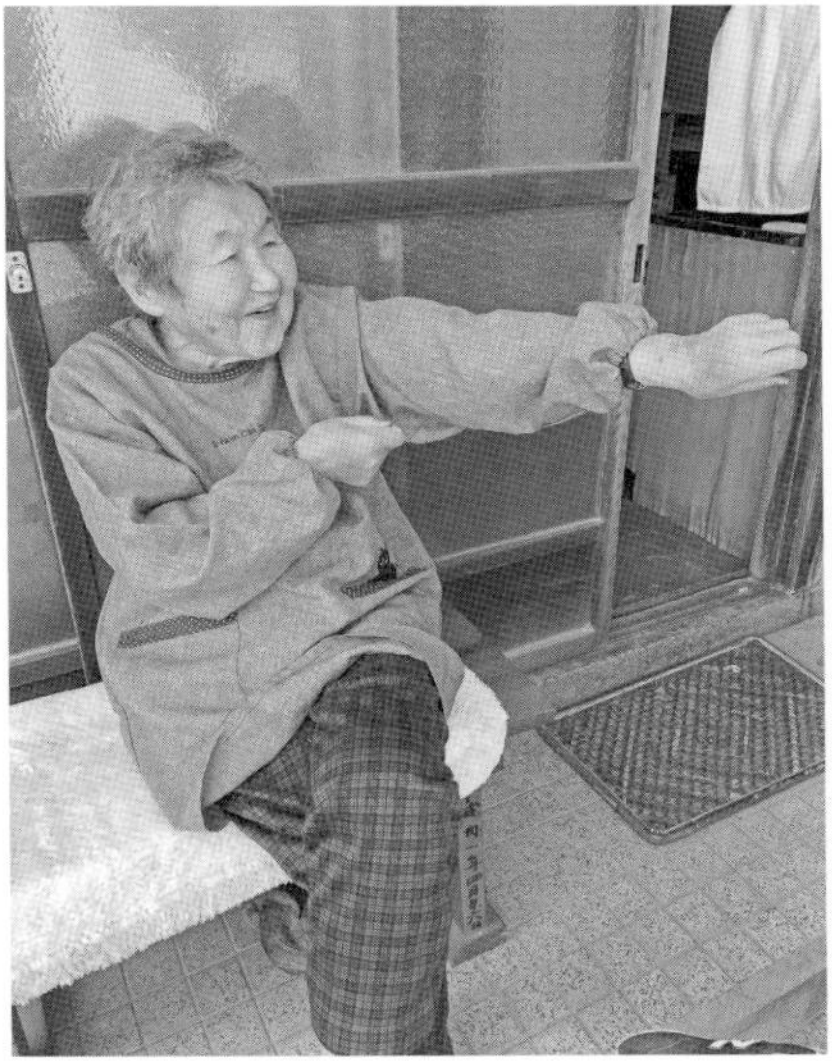

きました。午後は高等科の生徒を連れて農作業や稲刈りに出かけました。「竹やり研修」というものに駆り出されたこともあります。地域一帯の指導者に指名されてね。庄原《しょうばら》（広島県庄原市）の七塚原《ななつかはら》に3日間泊まり込みで、「みそぎ」だとかで川に入ったり、竹やりを持って「えいっ」て突いてみたり敵を追い払う練習をするんです。

当時は兵隊が見てる中で恐ろしくて言われた通りやるしかなかった。自分がやっていることの意味を考える間もなかったです。**戦争というものは人と人の殺し合いです。地獄ですよ。**お父さんが戦死した子もいました。**再びそういう時代になってはいけません。未来は子どもたちのものですけえね。**

大人が守っていけるように。

どうかどうか、お願いします。

居場所があったから生きてこられた

こうやって小学校に勤めていたころを振り返ると、**私には教師の仕事があったからずいぶん救われたと思いますね。**

代々続く農家の嫁で、周囲の家々はどこも子だくさんでした。「あの家には子どもがおらんけん」と陰口を言われたくないし、子どもが持てんならこの家におるべきではないと自分では思っていました。夫の良英《よしひで》さんにも、石井の家にも申し訳ない気持ちが常にありました。嫁という立場だけならこの家にはようおらなんだ。

でもね、**学校では子どもたちを存分にかわいがって、自分らしくいられました**。子どもたちの親ともほんま親しゅうなってね。ふふふ。朝、自転車で学校に向かう道に保護者がようけ待っとって「先生！」って呼び止めるんです。「帳面がないんじゃが、こらえてつかあさい」

教師になりたてのころの哲代さん

「うちの子、今朝は顔も洗わずに家を出ましたで」

って具合で話が弾むの。あっちで話し、こっちで話し、長くなりそうと思ったらスピードを上げて通り過ぎようとするんじゃけど、やっぱり立ち止まって話し込んでしまう。だから遅刻せんように家をずいぶん早く出ていました。

今思えば、自分が生きる場所がちゃんとあったから家でも頑張れたんじゃろうなあ。子どもたち、その親御さんたちが必要としてくれている——。ほんのわずかでもそう思える時間があったから、私は私でいられたんかもしれんです。

完璧じゃなくても気持ちは伝わる

ちょうど50年前の1973年に、姑のセキノさんが亡くなりました。どのくらいの期間だったかなあ、私は自宅で介護しておりました。嫁の自分がやるのが当たり前の時代でしたから。

おしめを替えるのも、もちろんです。仕事があったから、夜が明けるか明けんかのときに向かいの川に洗い場をこしらえて、汚れたおしめを洗濯するん。うちに脱水機なんてなかったから、水がぽたぽた垂れるのを干すんです。

よく近所のおばあさんに「絞ってんないと。このしずくはどうにかならんかの」って言われていましたね。「よけて通りんさい」って返していましたが、懐かしいです。

おしめは日当たりのいい場所に干したいのに、お義母《かあ》さんからは「お下のものは日の照るところに干すもんじゃない。家の陰に干すもんじゃ」って教えられていたんです。じゃから背戸《せど》（家の裏）に干したの。今でも物干しざおが残っていますよ。お義母さんは離れで寝よりました。昔は隠すように介護していたんでございます。

朝はお義母さんの昼食をこしらえてから出勤しとりました。私が仕事で留守をしとる間には近所の親戚のおばさんが様子を見に来てくれていたんです。

でも、**昼になると学校からてーっと自転車を飛ばして帰って、ご飯を食べさせました。**お義母さんが「姉《ねえ》さん（哲代さん）がええ」って言うから。そして**また学校に戻るん。自分の昼ご飯はいつ食べよったんかなあ。**思い出せませんなあ。

それでも仕事をやめようとは思いませ

義母のセキノさん

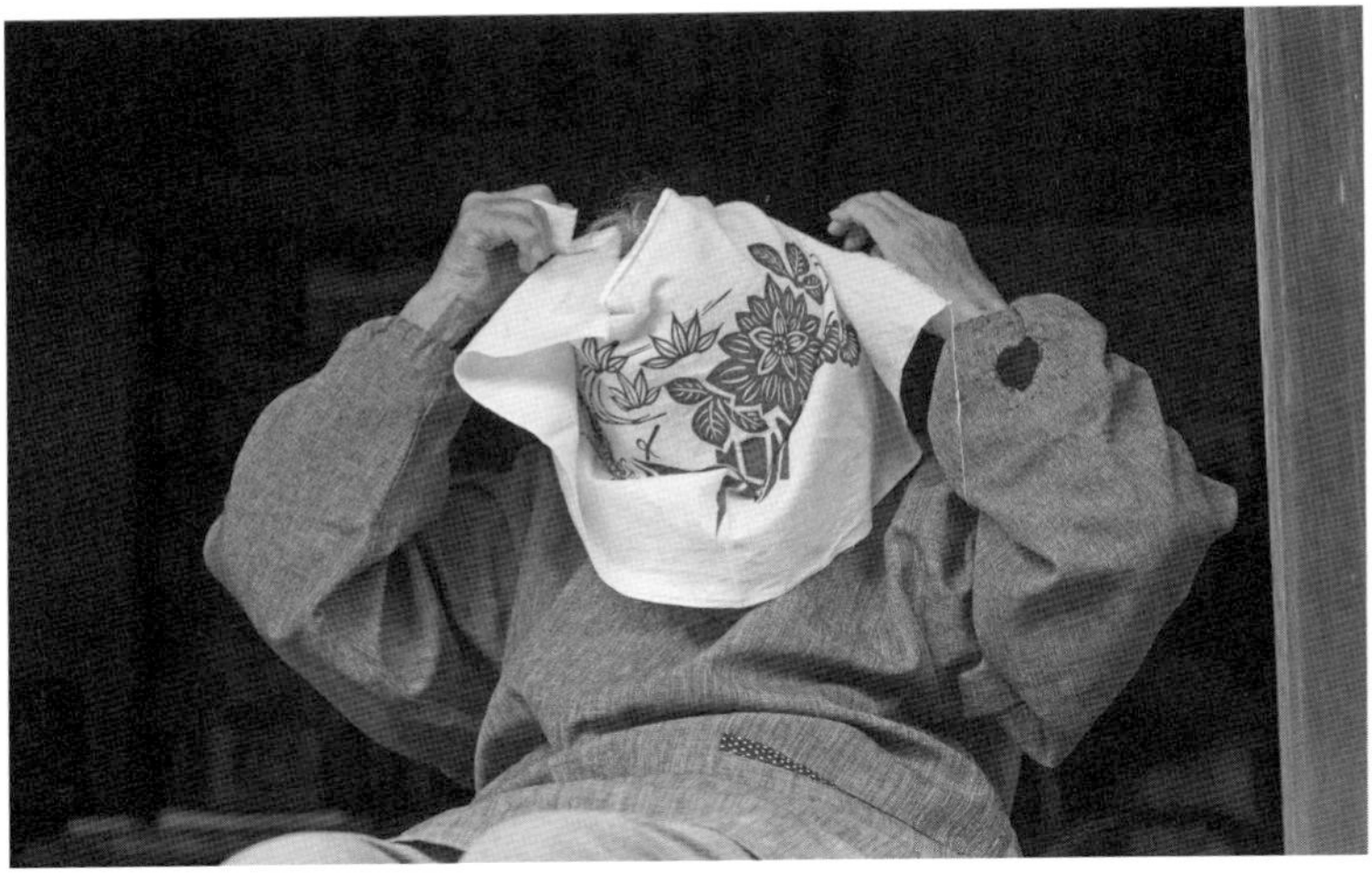

んでした。良英さんは稼ぎを全部飲み代に使う人じゃったから。家のもんもみんな、続けてもらわんと困ると思うとったでしょう。お義母さんも「姉さん、仕事に遅れるで」って。**まさに寝る時間を削っての介護だったかもしれんです。**

親戚のおばさんにおしめを替えてもらうわけにはいかんからね。朝替えて、昼に家に帰って替えて。学校終わったらおしゃべりもせんと一目散に帰るが、もうボトボトです。気持ち悪かったと思うんです。「こらえてつかあさいね（許してくださいね）」って言うと、お義母さんはいつも「ええで、ええで」って言ってくれていました。

夜はなんぞのことがあってはいけんから、いつもお義母さんのそばで一緒に寝てました。でも、体をさすってあげる間もなく、床に入ったとたん私のほうがグーグーです。

お義母さんは私を一度も起こそうとはせなんだ。ちょっとでも寝かしてやろうと気遣ってくれたんかもしれません。

完璧には程遠かったねえ。十分なことができずに申し訳ないと思うとったが、**今は「ようやったじゃない」とあのころの自分に言ってやりたい。**

おばあさんになったから分かるんじゃが、周りから大切にされていると少しでも思えたら、年寄りは明日も生きようと思えるもんです。お義母さんにも伝わっとったじゃろうと思うんです。

老いるほど優しさに敏感になる

小学校を56歳で退職し、57歳から地域の民生委員を任されたんです。３期９

年間やったじゃろうか。半世紀前のことでございます。

あのころは家で寝たきりになって放っておかれているお年寄りがようけおったの。家族がいても、仕事に出かけるでしょう。若い人はみんな働かんといけんし、忙しいんです。枕元に昼食用のにぎり飯が置いてあるけれど、冷えて硬うなってる。年老いた病人が食べらりゃしません。「少し軟らかいもんを用意しときましょうや」なんて苦口を言うて家々を歩いたもんです。

私も働きながら姑のお世話をしとりましたから事情は分かるの。慌ただしい毎日、ゆっくり向き合う時間を持てなんだ。じゃから、**代わりに私がお年寄りの話し相手になれないかと一軒一軒訪ね歩いたんです。**

年寄りが一人でひっそり寝ておるんじゃけえね。どうしようるか気になるし、**誰かと少し話すだけで元気も出るでしょうという気持ちでね。**おかげで村じゅう顔見知りになって、私を待っててくれるようになりました。

だけども田舎だから家から家へと移動するのも遠いし、たくさんは回ることができんわけですよ。行く先々で「よう来たよう来た」って待ち構えてしゃべってんですから、こちらも一生懸命聞きました。そうすると「今日は民生委員で

あちこちのお家を回ろう」って決めてもなかなか思うようにはいきません。話の途中でもう帰らんといけんと思っても言い出せず、いつも長話になってしまっていましたね。

年をとるということは心細いもんです。しんどいし、寂しい。**体は動かんのに、心はどんどん敏感になるっていうんかな。若いときはなかった感情が、揺れ動くんでございます。だから、人の優しさにも敏感になります。家族じゃなくても誰かが気にかけてくれる、声をかけてくれるというんが、ささやかな安心につながるんですね。**

私もデイサービスに行かせてもろうとるけど、時代は変わりましたなあ。介護の制度がずいぶん整って至れり尽くせり。小さな心遣いが身に染みるの。おばあさんたちが人間らしく大切にしてもろうて、老いることを哀れと思わないですむ時代です。

けれども、なんでもやってもらって当たり前ではないと思うんです。年寄りのそういう態度は気に入りません。私はかつての介護を知っているからですかなあ。本当にありがたい世の中になりました。ただただ感謝しかありません。そんな大正生まれでございます。

取材記者のまなざし

哲代さんが103歳になったばかりの春の日。かつての教え子たちとの同窓会が開かれた。集まったのは、**駆け出しのころに担当した小学1年生**。**今は米寿の「子どもたち」**だ。

この日が来るのを、哲代さんはずいぶん心待ちにしていた。同窓会の1カ月前に体調を崩して入院したのだが、間に合わせることを励みにした。食事は残さず、リハビリにも真面目に取り組んだ。

　そして迎えた同窓会当日。会場は約20年前に閉校となった当時の学校だ。今は地域の集いの場として使われている。

「準備はええか。小川（哲代さんの旧姓）先生が来たらみんなで拍手して迎えようで」
　教え子たちは運動場に出て、そわそわしながら哲代さんを待った。
　到着した哲代さん。車から降りるなり泣き出した。懐かしさとうれしさが同時に込み上

一人一人の名前を呼ぶ哲代さん

げたようだった。「ありがとう。ありがとうね」。みんなの手を握り、声を詰まらせる。

哲代さんはどんな先生だったのだろう。教え子たちは「音楽が上手でオルガンをよう弾いてくれた」「今と同じ。大きな声の先生じゃった」と口々に盛り上がる。

突然、哲代さんが「出席を取りまーす」と声を上げた。集まった教え子たちの名前を一人ずつ呼び、顔を見つめる。それぞれの家の事情や親、きょうだいのことをよく覚えていてみんなを驚かせ、「ありゃ。あのかわいらしかった子が、こがあなおじいさんになったんですか」とのけぞって見せる。

集いが終わりに近づき、参加者の一人が「みんなで『仰げば尊し』を歌いましょう」と提案した。

「大きい声で歌うんですよー」

かつての音楽の授業のように、哲代さんが腕を高く上げる。指揮をするその姿に、私たちは圧倒された。

体全体を使って跳ねるように腕を振る。目を見開き、ときに優しい笑みを浮かべ歌声を引っ張っていく。聴かせどころで拳を突き上げる。こちらの胸も高鳴る。

こんなふうに、全力で子どもたちと向き合ってきたんだろうな――。その姿は実に楽しそうで、きらきらしてまぶしかった。写真でしか知らない「教師哲代さん」を見た気がした。

「仰げば尊し」の合唱で腕を大きく動かして
指揮を執りながら熱唱する哲代さん

第三章　人は一人では輝けない

人生は晴れたり曇ったり。哲代さんの人生は、さまざまな人と出会い、
時を重ねて輝きを増してきたのでしょう。人は一人では輝けない——。
いつも誰かと心を寄せ合い、泣いて笑って強烈な光を放っています。

相手の長所は近くから、短所は遠くから見る

勤め先の小学校の同僚だった石井良英さん（2003年に死去）と結婚したのは1946年のことです。夫婦ともに小学校の先生でした。20年前に良英さんは他界。哲代さんの枕元にはいつも、夫の写真が置いてあります。

「山あり谷ありでございました」

哲代さんは夫婦の時間を懐かしそうに振り返ります。

職場には真っ先に出勤して、よう仕事をする人でした。**教師として尊敬しておりました。家に帰ったら農作業も一生懸命でね。愚痴なんか聞いたことはなかったです。**

人としてもようモテとったじゃろうと思います。「わしが大将」という豪快な人でみんなと飲み歩いた後、うちにもよう連れてきちゃった。同僚の先生が10人以上来られたこともあるん。女の先生もおってケチャケチャおしゃべりし

読者からのファンレターを読む哲代さん。いつもそばには良英さんの写真を置いている

てね。こっちは台所に立ちっ放しでもてなして、片付けも全部するんですから。わたくしも女の先生だよって言いたくなりました（笑）。

感謝の言葉があったか？　何があろうに。あはは。哲代のおかげじゃとか言うようなことがあったら世の中がひっくり返るでしょうよ。**亭主関白を地でいくような人でした。**

それだけに夫のちょっとした気配りがうれしかったんです。

いつだったか電気釜が出始めたころ、一番に買ってきてくれ

ちゃったの。「これでご飯を炊けば早かろうが。起きんでいいけん、らくになろう」って。そのときは「えっ」てびっくりしたんです。それまでは朝早く起きて台所のおくどさん（かまど）に火を入れて朝食とお弁当用のご飯を炊いていましたから。私、その電気釜をどこに置いたと思う？　枕元でございます。寝間の柱のコンセントに差してね。明け方に布団から手を伸ばしてスイッチ入れて二度寝するの。炊き上がったら起きるんです。

横着もんだと思うでしょう？　本当は良英さんが私のために買ってきてくれたんがうれしかったん。じゃから「助かるわぁ、うれしいわぁ」って伝えたかったんですね。**良英さんのちょっとした優しさをすごく大きく喜んでおりました。私も単純なんでございます。**

ええとこはしっかり見てあげて、気に入らん部分は目をつむるの。それが夫婦が添い遂げる秘訣かも分かりません。なーんちゃって。

でもね、私も若いころは何度か家出を決意したんです。給料がおおかた飲み代に消えるんじゃから、そりゃあ苦労しておりました。

師範学校のときの友達を当てにして深《ふか》（三原市深町）のバス停まで行くん

建て替え中の自宅の縁側で撮影した若いころの哲代さんと夫の良英さん

じゃが、結局戻るんです。とぼとぼと。だらしないですねえ。毎回、未遂に終わっとるんです。たんか切って出るわけではないけども「もう出て行きます！」って顔して出とるのに、どの顔で帰られようかと思ってねえ。

もうこの人とはやっとられんと腹を立てても、私がいないとこの人は飢え死にするんじゃないか、守らにゃいけんって思い直すんですね。

離れた場所で生まれたもん同士がこうして出会わせてもろうたんじゃから。夫婦は腐れ縁と思うようにしておりました。なあ、良英さん。

認めて許して、夫婦をつくる

私たち夫婦には子どもがいませんでした。それで「夫への申し訳なさ」がいつも心にあったんでございます。

子どもができんのは男の人のほうにも原因があるかもしれんって、今じゃあよう聞きますね。じゃがね、当時の私にはそがあなことは分かりません。全部、自分が悪いんだと思っておりました。良英さんがお酒を飲むのも、そのせいじゃないかって。月給を飲み代に使うのも、うさのはけ口だと思うてしまって。立場が弱いっていうかね、強くはよう出なんだんです。仕方がナイチンゲールです。

でもね、良英さんは「そがいに思い詰めんでいい」って言ってくれたことがありました。私のことを責めたり、追い込んだりしたことは一度もなかった。良英さんもやっぱりしんどかったと思います。**後継ぎがおらん寂しさや不安を私と同じように感じとっちゃったはず。そんな痛みを分かち合いながら夫婦で**

年を重ねてきました。そういう連帯感みたいなもんに、私は支えられとったんかもしれんなあと思うんです。

良英さんは晩年、脳梗塞《のうこうそく》を患って自宅の洋間に置いた寝台に寝ていました。地域の仲間が集う「仲よしクラブ」に行ってくるよって声をかければ「おうおう」って送り出してくれて、帰ったら練習した踊りを踊って見せたこともありましたねえ。**終わりに向かうほど良英さんは優しく、まるうなっていった気がします。**

墓に眠る良英さんに語りかけながら落葉を掃き集める
哲代さん（2021年10月撮影）

自宅で介護を続けていましたが、最期は入院したんです。ルール違反かもしれんけど、亡くなると

古いアルバムをめくる哲代さん

き、**お酒を少し口に含ませてあげたんです。私の腕に抱いて。そうしたら、あがなええ顔したことないくらいににっこりしてね。**こっくんって音までさせて。「早う家に戻ってようけ飲みましょうで」って言ったら、またにっこりして。しばらくして、静かにすーっと旅立っていきました。

あの瞬間のことは忘れられません。つらい顔して逝かれると残されたもんはしんどいねえ。じゃがあの人みたいに元気なときでもえっと（たくさん）笑わん人が、**死ぬときになってええ笑顔を見せてくれた。やり遂げたというんかな、**

救われた気になりました。

この人と結婚して間違いだったかなあと悩んだことも確かにあったん。私の人生をささげたようなもんじゃったから。そうして長年抱えてきたもやもやした気持ちを、ほんまに最期に腕の中でね、全部なくならしてくれたんですね。自分の人生が肯定された気がしました。

夫婦いうんは、最初から完成されとるもんじゃありませんね。時間をかけてつくり上げていくもんじゃなあと思います。ごつごつとぶつかり合ってこすれ合って、一つになっていくというんかなあ。相手を認めて、自分の許容を増やして。ああ、難しいなあ。

え、生まれ変わったら良英さんと一緒になりたいかって？　そうじゃなあ、もう一度人生をもらえるなら——。今度は何にも縛られることなく、自由に一人で飛ぶのもええなあ。

分かち合える幸せ

哲代さんには半世紀もの間、大切にしてきた場所があります。地域のおばあさんたちが週1回集まる「仲よしクラブ」です。1973年に哲代さんの呼びかけで発足し、今も毎週月曜日の午前に開いています。「縁あって、この地に暮らす仲間ですけえ。一緒に笑って泣いて生きてきました」と哲代さんはこれまでの日々をかみしめます。

仲よしクラブは私が53歳のときに始めました。もう50年ですか。こんなに長く続くなんて思いもしませんでしたなあ。

この辺りはみんな農家でしょう。あのころ、草刈り機とか便利な農機具が急速に広まってね。それまで農作業で働きづめだった近所の姑たちが、一人でぼんやりと田のあぜに座ってる姿があちこちで見られるようになりました。すさまじい光景でね。「ぼけ老人の里」になってはいけんと思うてね。学校が休み

輪になって大正琴の練習をする仲よしクラブのメンバー

の日曜日の朝に集まることにしました。

初めのころは、私よりも年上の明治生まれの女性ばかりでした。私が言い出したからには、**おしゃべりだけじゃなく、みんなの心が一つになれるようなことをやりたかった。それで、誰もが夢中になれる音楽を思いついたんです。**

お金をかけずに楽しめるでしょう。私も小学校で教えていることを、そのままやればいいわけ。あの時代ですから、みんな自分が演奏するなんて初めてのことです。大きな紙に楽譜を書いて、出番を順に決めてね。それはそれは一生懸命でした。とは言っても楽器はないから、フライパンやらバケツやら音が出るものを持ち寄って棒でたたくんでございます。

中には、壊れたおもちゃの木琴もありました。カタコトカタコトまともな音は出んのじゃけど、そのおばあさんは大演奏家のようなそぶりでダーッと悦に入って鳴らすんです。**音が外れてても気にしないの。気持ちよく演奏してくれるのが私はうれしゅうてね。あー、今でも目に浮かびます。みんなもどんどん元気になって、ほんまにうれしかったなあ。**

徐々に、仲よしクラブのある日曜日の朝だけは家の人も「公認」で、みんな堂々と出かけるわけ。フォークダンスをしたこともありましたが、今はもう長いこと大正琴をやっています。

50年間変わらないのが、おしゃべりで盛り上がることですなあ。集まってお茶を飲みながら、面白い話をするんです。どんな話題かって？ **悪口は絶対に駄目ですが、人を傷つけない噂話は大いにしました。**そりゃあ噂話じゃないと人は寄ってきませんもの。あとは、自分の旦那の愚痴だけは言うてもええんです。私も良英さんの小さな愚痴を大きく盛って話していました。良英さんにしたら迷惑な話でしょうけど。ぷぷ。でも他の人からすれば「先生もあれくらい言うんじゃけん」って話しやすいムードをつくれたんじゃないでしょうかな。

どうにかしておとなしい人にも話題を振るんです。仲よしクラブに来たら必ずいっぺんは口を開いてもらうん。ここに来てよかったって思って帰ってほしいですから。この村（集落）に住んでいる以上は、村の人のことを知っておいてほしいし、**何より誰も孤立せんようにしたかったんです。**

今ではメンバーもすっかり代替わりしましたねえ。別れを

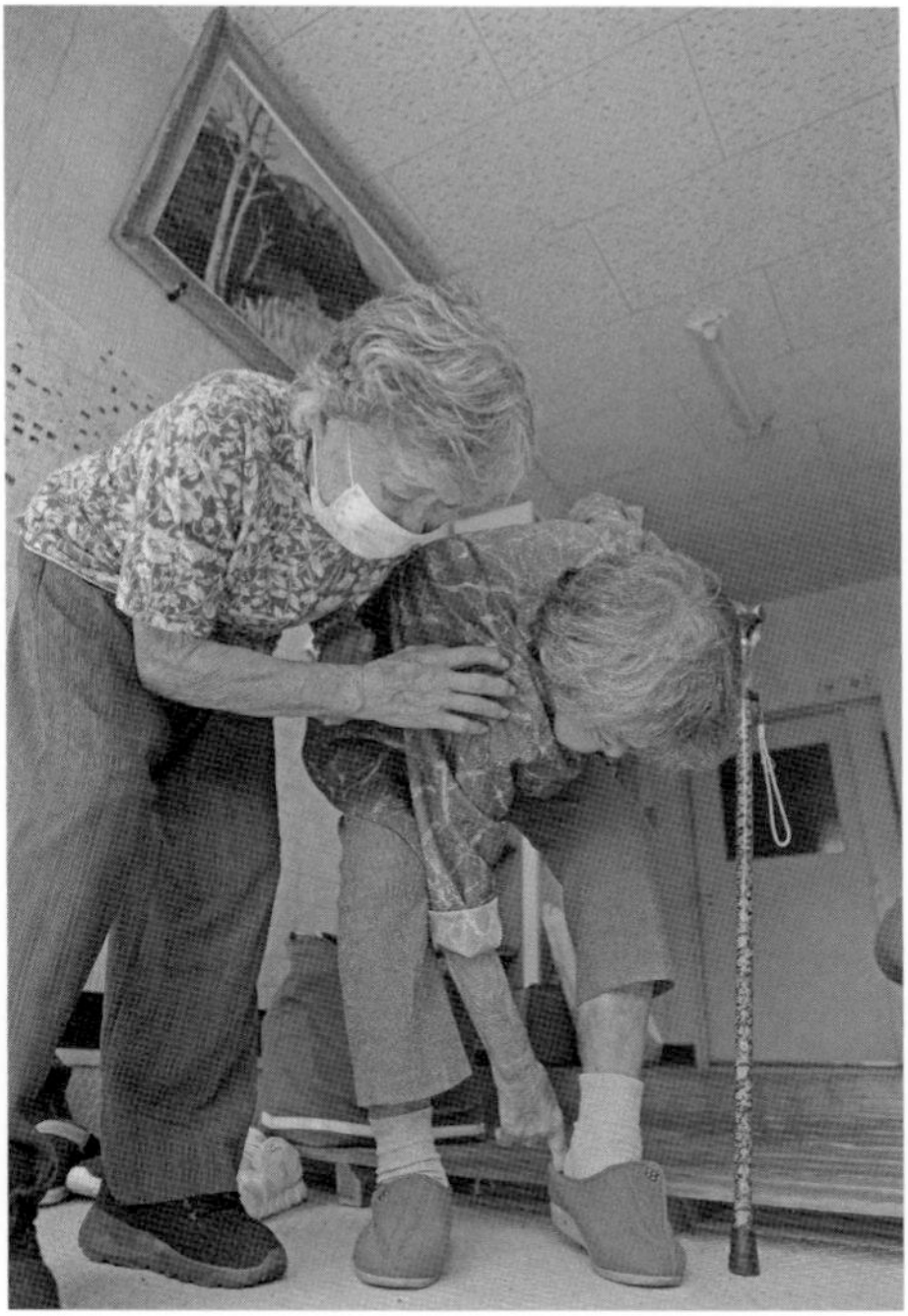
帰りに靴を履く哲代さん（右）を仲間が支える

たくさん経験しました。だから毎年12月には、大切な仲間をしのぶ会を開いています。その年に亡くなった人の名前を包装紙の裏に書いて、みんなでお経を読むんです。見てください。毎年書き足すから、こんなによううけ名前があるんでございます。

懐かしい名前をみんなで見つめ、一人一人の名を読み上げてみるとその人の姿が鮮やかに浮かぶんです。**死んでも終わりじゃない。私らの心がちゃんと覚えとります。悲しみもつらさも、みんなで分かち合うからこそ乗り越えてこられたんかもしれんなあ。**

仲よしクラブをやることで、地域に目が向くようになりました。私も仕事や家のことを必死でやっていた生活から、少し世界が広がりました。普段はばらばらに暮らしていても、仲よしクラブの日だけはみんなが集まって刺激を受け合うん。そうやって日常に変化をつけるのはええことです。自分で変えようとしないと、ひとりでに変わるなんてことはありません。みなさんも、そう思うてくれとったんかもしれんなあ。仲よしクラブは私たちにとっての遅い遅い青春、ちょっとした革命でした。

毎年、亡くなった仲間の名前を書き足していく

自分がしっかり笑ってないと、
相手を笑顔にできません。

第四章　老いてこそ必要な力

哲代さんの基盤をつくる「三つの力」。
それは人生１００年時代を生き抜くためのエンジンのようです。

聞く力

人の話は一生懸命に聞きます。**内容に聞き入るというより、相手の人のことを思うんですね。**そう言ったらいかにも偉そげですが、どうしてこうした気持ちかな、繰り返し言いたいんかなって。

相手がしんどい思いを抱えとったら、聞いてあげることでその人が持っとるものが軽うなるんですよね。何を手助けできるわけじゃないが、発散できる相手がいるというのも大事なんじゃろうと思います。

私が若いときは、愚痴や悩みを打ち明けられる人がおらなんだからなあ。仕事しとりましたし嫁の立場ですけえな、そう明け透けにモノが言えません。だから自分で自分を慰めていくしかしょうがなかったです。自分の心の中で、時間かけて消化するっていうんかな。

初めて会うのに自慢話ばっかりする人もおってです。ほうねほうね、そりゃ

哲代さん家の土間に今日もご近所さんが集まります

えかったねえと聞いていれば気持ちよくなってくださるが、ときにチクチクとこっちの胸に刺さることを言いんさる。「娘がようしてくれて」とか「孫がかわいいて」とか。

私みたいな子どもがおらん者は「幸せばっかじゃん」ってひがみたくなります。でもそこはぐっとこらえて、心得て。「この人も、何か面白くないことや物足りないことがあるんかもしれんなあ」なーんて考えながら聞かせてもらうんです。

やっぱり「場」の雰囲気が大事

です。まあるくて、そこにおって安心できる空気っていうんかな。そういう場が私は好きじゃし、人が寄ってきてくださる。聞き役になる人の心が、そんな場をつくっていくんじゃと思うんです。

取材記者のまなざし

聞き上手な哲代さん。相手の目をじっと見つめ、口を半開きにして神妙な顔で話に聞き入る。ほうほう、へーえ、わおわおなどの絶妙な相づちも忘れない。教師時代、きっとこんなふうに子どもたちの声に耳を傾けていたんだろうなと想像する。

若いころの哲代さんも、誰かに愚痴を聞いてもらいたかったに違いない。でも、弱音というものを心の奥に隠して生きるしかなかった。後継ぎになる子どもがいないことで陰口をたたかれまいと、学校が終わると一目散に家に帰り、日暮れまで畑仕事に励んだという。「隙をつくらないよう鎧《よろい》を着けたようなもんでした。私もいじらしいです」と話してくれたことがある。

一生懸命に相手の話に耳を傾ける哲代さん。**誰にも相談できないしんどさを知っているからこそ、人の痛みに敏感なのかもしれない。情けないことも、しんどい思いも受け止めてくれる。**だからつい私たちも、取材を忘れて長話になってしまう。

食べる力

食欲はすごいです。これが103歳かと思うくらい。デイサービスは毎度、ごちそうを出してくれてんです。**自分の好きなものが出ると気分が上がりますねえ。がつがつといただきます。**十分に年をとっとるんだから、もう少しおっとり食べなさいって自分に言い聞かせております。

でもね、入院中は今までにないしんどさでした。心も体も空っぽになったようになって、よう覚えとらんの。食べられん、元気が出んの悪循環でした。じゃが病院で治療してもらううち、少しずつ調子が戻ってきたの。気持ちがはっきりしだして、ご飯の味が分かりだしたん。あ、まだいけるかもしれんって思えるようになりました。

やっぱり家に帰るっていう目標があると、体がしゃんとします。**この年になると、気持ちで体を引っ張ることが多くなりますなあ。少々しんどうても、好きな物、食べたいと思うもんをしっかりいただく。食べんことには元気が補充できませんから。**

退院してからしばらく弥生さんちでお世話になっておったんですが、畑でトウモロコシを育てよっちゃって、これが甘くておいしいの。「もう1本ようござんすか」なんて、居候のくせに厚かましくいただいておりました。するとどんどん力が湧きだして。おなかがすくようになったんでございます。

トウモロコシを一粒ずつ口に運ぶ哲代さん

あら、そろそろ番茶の時間でございますなあ。一服しましょうか。あなたらラッキー。おいしいお菓子があるんでございます。

取材記者のまなざし

102歳の終わりから103歳になった2023年の春先、哲代さんは二度の入院を経験する。病院に10分間の面会を許された私たちは衝撃を受けた。哲代さんは栄養剤の点滴をして、車いすに乗って迎えてくれた。

「重病人でございます」と本人はおどけてみせたが、食が細くなっているとのことだった。

ああ、どうしよう――。食いしん坊の哲代さんしか、私たちは知らない。もう一人暮らしは無理じゃないか。勝手に後ろ向きな想像をして落ち込んでしまった。

退院後、哲代さんは姪の坂永弥生さんの家に身を寄せた。ところがすぐに「家に帰る」と言い出した。

弥生さんは繰り返し言った。

「おばちゃん、急ぐことないじゃない。何ならずっとおってくれてええんよ」

でも、どうしても哲代さんは首を縦に振らない。

「早う帰らんといけません。私は家の主《あるじ》ですけえ」

家に帰るという哲代さんの望みを、弥生さんもかなえてあげたかった。でも次に体調を崩したら命取りになるかもしれない。やすやすと一人暮らしなんかさせられない。

「少しでもここにいる時間を引き延ばせたらって。そればっかり思っていました」（弥生さん）

そんな弥生さんを「説得」したのは、哲代さんの食欲だった。

次第に家族と同じ量をぺ

入院中の哲代さん。わざと元気そうに、手を高く上げてバイバイをした

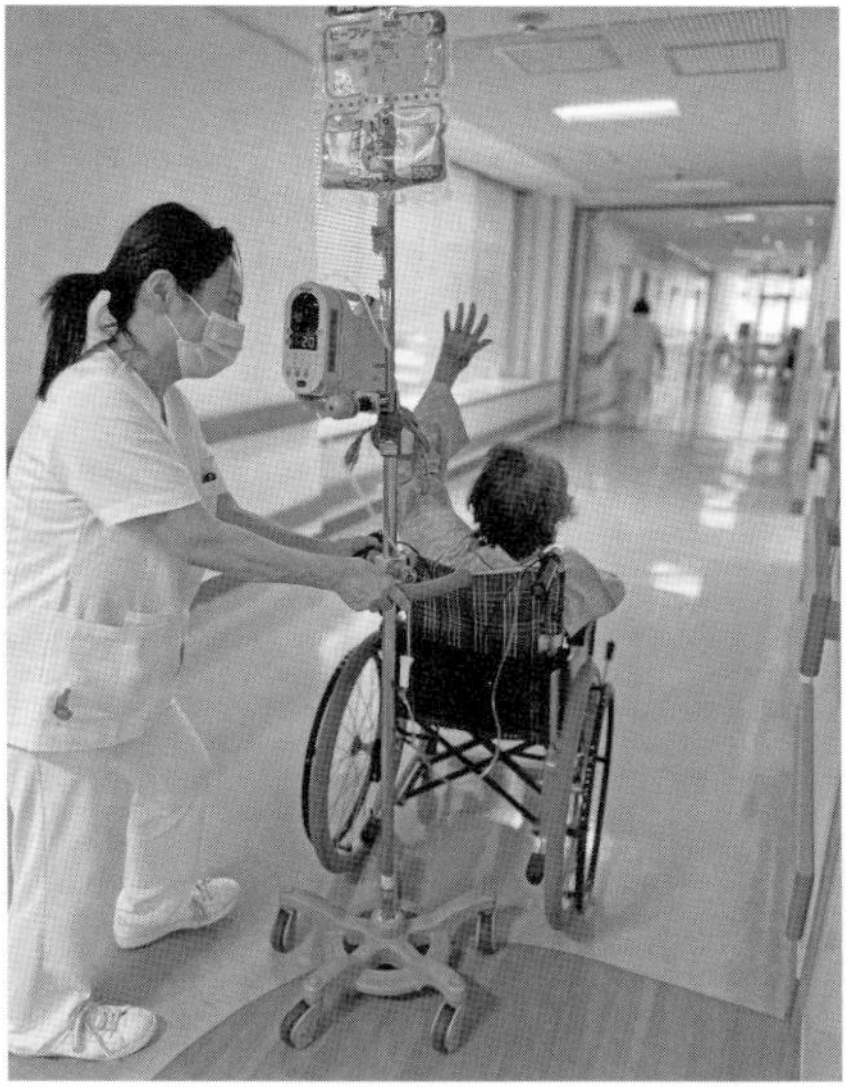

ろりと食べるようになった。おやつも完食し、頬が前のようにふっくらしだした。**家に帰る、絶対に帰るんだという哲代さんの気迫が伝わってくるようだった。**

「ああ、帰してあげんといけんという気持ちになりました」（弥生さん）

絶品！　いりこのみそ汁

それから哲代さんは驚くような回復力を見せる。杖を突いて懸命に歩く。何か手伝うことはないかとしきりに言い、じっとしていない。

結局、**弥生さんの家で1カ月ほど静養し、哲代さんは自宅に戻った。朝食のみそ汁は自分で作り、デイサービスでの食事や宅配の弁当、姪たちのサポートが103歳の一人暮らしを支えている。**

取材中、時折ごちそうになる哲代さんのみそ汁。今日もいりこたっぷりで、いつも通りのおいしさだった。

姪の弥生さんに見守られ、歩行練習に励む哲代さん。
「100年も頑張ってくれた足じゃからな。ちいとガタがきとります」

笑う力、笑わせる力

え、いつも笑っとるねって？　それはそれは、一番の褒《ほ》め言葉でございます。**自分がしっかり笑ってないと、相手を笑顔にできませんからなあ。とにかく湿っぽくて深刻なのはいけません。人生はにぎやかなほうがええね、常にね。**

人を笑わすのは好きですねえ。お調子もんなんでございます。小学5年生ごろですね、「笑いをとる」いうことに目覚めました。ネタはもっぱら先生の物まねです。これが一番受けるんです。

しゃべり方だけじゃのうて、先生が廊下を歩くときの様子をまねしたりしとりました。革靴がめげた（壊れた）ようなスリッパをはいとりんさって。ぺったん、ぺったんと音がするん。歩き方のリズムと音の調子を再現するんです。そりゃあ研究熱心なんでございます。

ある日、いつものように先生の歩き方をまねしながら教室に入ったら、その先生が座っとりんさった。ばちんと目が合いました。「あちゃー」と思いまし

思い出話をしながら自分で笑ってしまう

たが、受けましたなあ。教室じゅうドッカン、ドッカンでございます。先生は怒らなんだです。お調子もんの「てっちゃん」は、先生にもかわいがってもろうとりました。

年をとると代わり映えのない毎日です。そう楽しいことがあるわけじゃない。でも、**ささやかなことも面白がって明るいほうを私は見ていたいんですね**。おかげさまでしゃべりは達者ですから、びゃーびゃーとにぎやかにしておれば、しょうもないことでも人は笑ってくれてです。

年寄りが機嫌よう笑っていると、地域が明るくなりますなあ。そういうムードっていうんかな、年寄りは意識してつくっていかんといけません。老いても楽しそうだなあと若い人たちに思うてもらいたいですねえ。「心配ナイチンゲールよ」っておばあさんは言ってあげたいです。

取材記者のまなざし

笑顔がすてきな哲代さんは、人を笑わせることも大好き。講演に呼ばれたら「わたくし、たった１０３歳でございます」と果敢に笑いを仕掛け、会場を沸かせる。あっという間に人の心を晴れにしてしまう。

ただ、私たちは知っている。気の置けない人に対しては、笑いの中に毒気をしのばせてくる。取材で通い詰めている私たちには、笑顔なのにけっこうな毒舌なのである。

取材中に人が訪ねてくると、こんなふうに私たちのことを紹介してくれる。「私のあら探しをする人たちです。ありがたいことに、ようけ見つけてくれてんです」

こちらの困った顔を見て、へへへと愉快そうに笑う。記者の手をしげしげと眺めては、「まあ、きれいな手……。こりゃあ、水回りの仕事をしてないね」といじってくる。冷蔵庫に入れるはずのおかずを、記者がうっかり電子レンジに入れてしまった瞬間も見逃さなかった。ひとしきり大笑いしてからささやくように言うのだ。

「ヤバいね」

近ごろは自虐的なギャグが増えた哲代さん。「右も左も分からないおばあさんでございます」などと言って場を和ませる。でも本当はそんなこと、みじんも思っていないところもやっかいだ。

哲代さんが漢字の書き取りや分数問題を

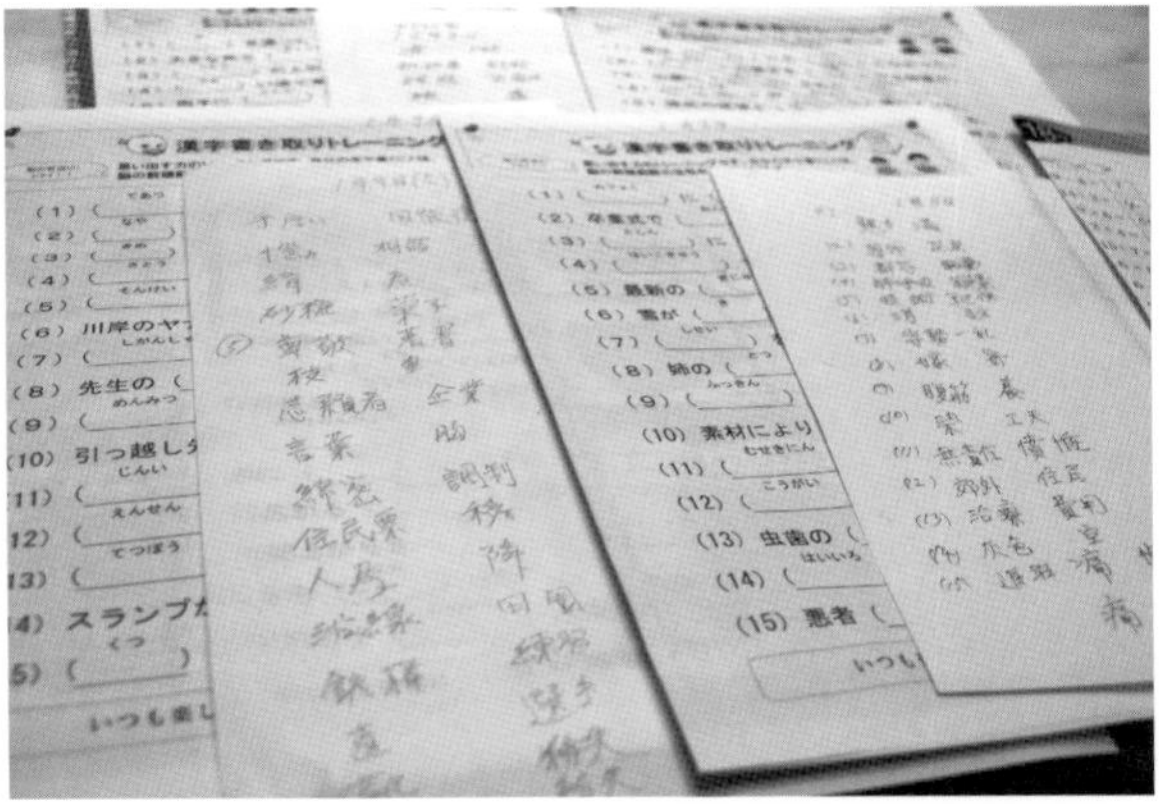

記者を怖がらせて満足そうないつもの笑顔

目いっぱいの恐ろしい顔

解いたノートを見せてくれたときのこと。あまりに難問だったので、「これ、本当に哲代さんが？」と思わず声に出してしまった。すかさず言い返された。

「そりゃそうよね。他に誰がするんね」

目がとがっている。明らかに不機嫌そう。

「ごめんなさい、むっとしてる？」

こわごわ聞くと、

「ふふふ。目つきが悪かった？　怖かった？」

と首をすくめた。目いっぱい恐ろしい顔をしてみせたという。もう、いつもの笑顔に戻っていた。

みずみずしい感受性と会話のテンポの速さに、私たちは時々置いていかれそうになる。「哲代さんってこんな人」と分かったつもりでいても、また違う顔を見せてくれるからすごい。

そう哲代さんに伝えると、「そりゃあそうです。何年生きとると思ってるんですか」。１０３年と答えると、「ええっ、そんなに？　びっくらでございます」。

こんな会話がとめどなく続く。長く、長く続きますようにと願っている。

老いても楽しそうだなあと
若い人たちに思うてもらいたい。

第五章　哲代おばあちゃんにお悩み相談

2023年1月に刊行された『102歳、一人暮らし。哲代おばあちゃんの心も体もさびない生き方』の愛読者のみなさまから届いたお悩み相談に、哲代さんが答えます。自身の経験を交えつつ、哲代さん流の解決策はユーモアもにじみます。

お悩み1

離れて暮らす高齢の母に電話しなくちゃと思いつつ、話すテーマが浮かばずに、かけられないまま何日も経っています。どんな話を振ればいいと思いますか。（60代男性）

ほー、心の優しい、ええ息子じゃなあ。どう声かけてええんか分からんのですなあ。**「元気？　きょう何を食べた？」**。**それだけで十分です。長話は要りませんから毎日かけてあげてほしいです。食べたものを聞きゃあ、お母さんのだいたいの暮らしぶりが分かりますけえね。**

もうちぃと話を弾ませたいときは、**「俺はきょう、何々をしたよ」と自分のこと、こっちのことを話してあげて。**お母さんにいきなり「きょうは何をしたか、何を頑張ったか」と聞くんじゃのうて。年寄りはそがあにいろいろできんもんですからね。とにかく、息子さんの優しい声を聞かせてあげることがクスりになるんですね。

口下手じゃったら、たまに好物を送ってあげて。お母さんは「こりゃあ、息子が送ってくれた佃煮《つくだに》なんじゃ」とうれしゅうなって、ちいとずつかみしめながら食べてくれてです。長生きしてくれるでしょう。

お悩み2
大人になってから友達ができません。友達づくりのコツを教えてください。（40代女性）

そうじゃなあ、自分からモノを言うしかないですなあ。行動を起こさんと何も始まりませんけえね。先に自分のことを言うと、相手も言うてくれます。まずは「石井哲代でございます。うちの奥にはもう家がないような、どえりゃあ田舎に住んでおります。お頼みします」って言います。**不便なところや弱点を大きめに言**

うて、ちいと自分を下げるっていうんかな。気安い人じゃと思うてもらうテクニックでございます。

第一印象も大事ですなあ。口角上げて、にこにこしといたほうがええです。普段、しかめ面をしとりんさる人が無理してやったらばれますなあ。何やらをたくらんどる人の顔になります。

わたくしも誰とでも仲良うなるわけじゃございません。偉そうにする人や高飛車な物言いをする人は避けるようにしております。子どもたちには誰とでも仲良うしようでと教えましたが、大人になったら人を選ばんといけんです。

仲良くなりたいなという人は物腰が柔らかく、人を陥れず、いつも笑顔で、ようしゃべって……。え、哲代さんじゃんって？　ふふふ、自分で言うのもなんですが当たっとる。みなさん、仲良うしてください。

お悩み3
70代の父が怒りっぽくなり、耳が遠くなっているようなので補聴器を勧めると

「老人扱いするな！」と怒鳴ってきます。どう接すればいいでしょう。（40代男性）

あらまあ、どうしましょう。耳が聞こえんのはつらいなあ。お父さんが不機嫌になるのも分かる気がします。わたくしはよう聞こえてありがたいんじゃが、周りに聞こえにくい人がようけおってです。みんな楽しげに話をしよってても自分には聞こえん。置いてけぼりになったようで、その場から逃げにゃあいけんようになる。そんな痛みも分かってあげてほしいです。

年寄り扱いされるのも嫌なんかねえ。わたくしはもう、さすがに腹は立ちませんねえ。桁が違うからなあ。**お父さんには「わが子だからこそですよ。他人の子どもはこんなこと言うてくれませんよ」って優しゅうに諭《さと》してあげて。**だってほんまに隣のおじいさんには言わんもんねえ。

でもね、無理強いはせんこと。**お父さんにはプライドもある。これだけの年を重ねて今があるからね。体の変化にまだ、心が追いついてないんかもしれん**

しなあ。困ったら自分で行動するでしょう。パンフレットだけそっと見える所に置いてあげて、「時を待て」でございます。

お悩み4

そろそろ定年なのですが仕事を辞めた後、やりたいことがありません。会社に行かなくなったら、毎日何をして過ごせばいいのか……。今から不安です。

（50代男性）

まったくこりゃ、困りました。おばあさんはあなたを知らんから、具体的なことはよう言うてあげられんねえ。じゃが、これまでよう頑張りましたなあ。趣味もないんでしょう？　どれだけ一生懸命に働いておったんですか。もう満足でしょう、ちいたあ休みゃあええです。**何もせずにぽかーんとするのもええですよ。**

人生100年なんですから焦らんでよろしい。急がずに、自分を追い込まずに。のんびりと自分をいたわりよったらねえ、そのうちなんか見つけてじゃけえね。「時を待て」です。ありゃ、また同じことを言うてますなあ。ええ言葉です。

お悩み5

同い年の親友が病で他界しました。何でも打ち明けられるたった一人の存在でした。心の支えを失ったようで、彼女を思うと涙が止まりません。どうすれば乗り越えられるでしょうか。

（60代女性）

大切な人を亡くすというんは、本当につらいことです。60代いうたらまだお若いものなあ。お友達も、もうちいと生きてあなたと同じ時を過ごしたかったでしょうで。

103年も生きておりますと、別れをようけ経験してきました。最近もなあ、悲しい目に遭ったばかりでございます。紀子さんという、わたくしの甥《おい》っこの嫁さんが亡くなってしもうたんです。よう懐いてくれてかわいらしい人でなあ。中学校の先生を40年も勤め上げた人で、私ともよう気が合うたんです。

紀子さんの葬式に、わたくしは行けなんだの。ちょうど入院中で、今までにないしんどさと闘っておりました。きちんとお別れができんかったからかなあ、悲しみを通り越して怒りが湧いてきて。なんでうちよりも早うに紀子さんが逝かんといけんの？　順番が違うじゃないってなあ。

チラシの裏にこんな詩を書きました。正直、あのときは心も体も空っぽになったようで、よう覚えとらんのですが。

紀子さんが亡くなられた報が届く
思いもかけない情報
どうして？　どうして？　どうして？
中学の体育の教師であった紀子さん
兄の跡をついで菜園の切りもり

新鮮なねぎ　芋　野菜を
頂いたのも幾重か
あ、
人生もろい　全もろい
紀子さんを召しとるとは
全くもってけしからん
手を合わそうにも自由を奪われた身
只只《ただただ》、ご冥福を祈るのみです
なもあみだぶ

抱え切れん悲しみやせつなさは、どうにかして吐き出すしかない。わたくしの場合は紙に書いて、自分の心を落ち着かせたり慰めたりすることが多いです。字も荒ぶれとりますなあ。

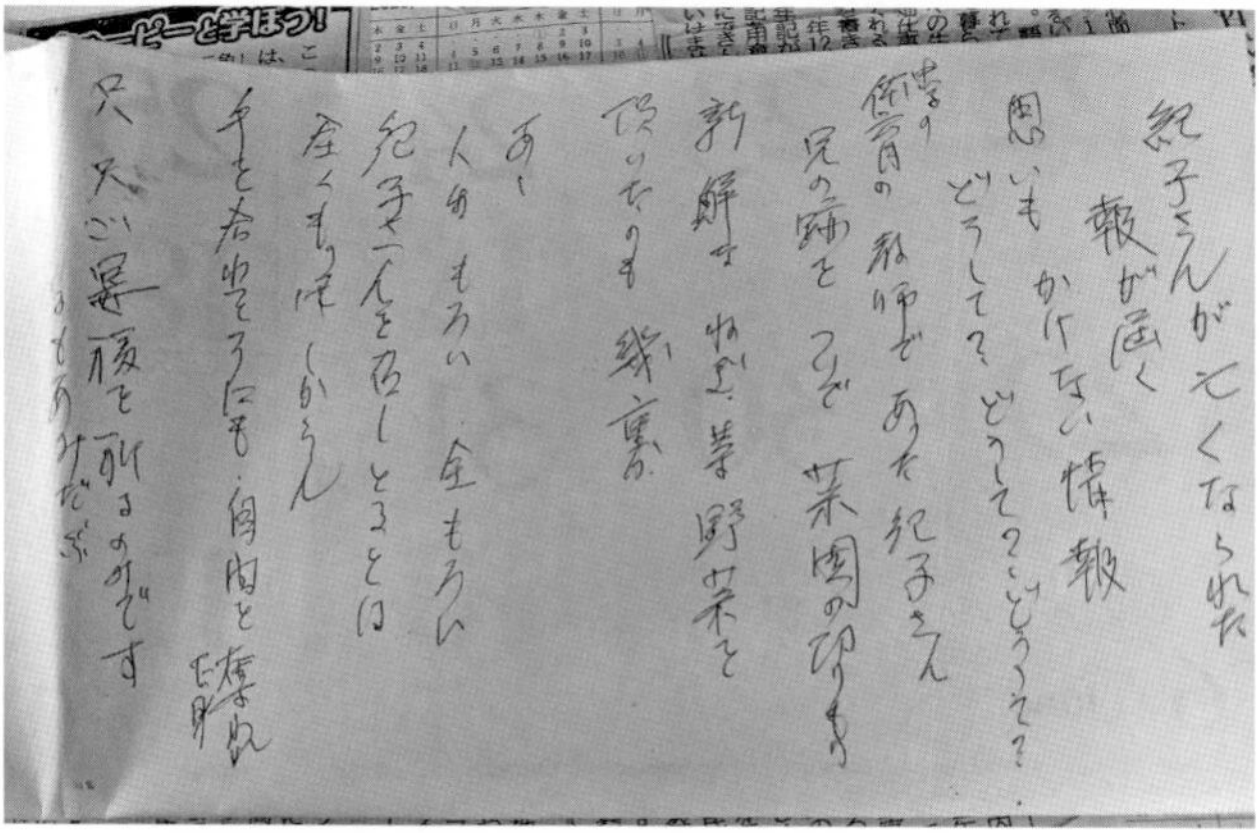
紀子さんを想い、チラシの裏に書いた詩

書き出すことで、悲しみでぱんぱんだった心に少し隙間をつくるっていうんかな。こんな哲代さんを見て紀子さん、心配しとるじゃろうなあなんて考えが浮かんできます。でもまたすぐに悲しくなる。また書き出す。その繰り返し。こんなふうにしておばあさんは、自分の心を守ってきた気がしますなあ。

お悩み6

会社の会議で発言するだけでもあがってしまうのですが、哲代さんは講演会やテレビ出演のとき、堂々としていて全く緊張していないように見えます。緊張しないで人前で話せる秘訣を教えてほしいです。（30代女性）

何をおっしゃいますか。わたくしも緊張しとるんでございます。子どものころから人前で話すのは得意じゃないけれど、おしゃべりな性分で「てっちゃん、お口チャック」って呆れられてました。それが最近になって、雑誌やテレビの取材ではしゃべるだけで褒められる。何だか、おかしなことになっとります。

うーん、これです！　っていう答えができませんですなあ。難しい。何かないかなあ。

そうそう。**私は緊張で震えるときは、足をドンって1回踏み鳴らすんです。演台の陰の見えんところで。あとはもう「やるしかない」と腹をくくるわけ。**ちっぽけで虫けらのような度胸でございますが、据えるわけですよ。

103歳でも、というより103歳ならばこそ緊張するんでございます。賢げなことを言えればいいんですが、100年も生きて、まだあれくらいのことしか話せんのかと思われます。口から出るんは、ほんましょうもないことばっかりです。ペラペラと思いついたことを出るに任せて「でまかせ」ばかりでございます。

ただ、**大したことを言おうとか、上手に言おうとかは思いませんねえ。考えてることを素直に伝えるのが一番じゃないでしょうか。技術はいりません。伝えたいという気持ちがあれば緊張してもええんです。**と、103年生きてきて思うとります。

お悩み7

老後のためにお金を残しておきたいのですが、最近物価も高く、お金が全然たまりません。哲代さん流の貯蓄術があったら教えてください。（50代女性）

質素な暮らしをするしかございませんなあ。「持たない暮らし」っていうんですか。食べることも着ることも、遊びに行くことも我慢するしかない。でもなあ、そんな節約あるのみの人生なんて、生きた甲斐がナイチンゲールですねえ。

わたくしの父がコツコツと貯金をする人でした。郵便局に勤めておったんじゃが、**四人の子どもの通帳をそれぞれ作って、毎月1円ずつ預けてくれよっちゃった。**当時の1円で酒が2升買えました。

小学校を卒業するとき、父が「あんた、これを足しにして師範学校に行くんで」と言って、初めて通帳を見せてくれたんです。「1円」という数字がきれいにずらーっと並んでおって、びっくらしました。月給をなんぼもろうとったか知らんが、しんどかったでしょうよ。子どもなりに父の愛情を感じましたねえ、うれしかったです。

やっぱり父がしよったように、こつこつと一定の額をためるんが安心でしょうなあ。そんな父は仕事帰りに魚を買うて帰って自分で七輪で焼いて、ちびちびとお酒を飲むのが好きでした。**贅沢はできんかったが日々のささやかな幸せを感じておったと思います。**

哲代さんの父・金剛平《こんごうへい》さん

お悩み8

小学生の子どもがゲームやユーチューブに夢中になって、家で全然勉強してくれません。子どもが自主的に勉強を頑張る方向に促すテクニックがあれば教えてほしいです。

（30代女性）

親が伸び伸びとゲームを許しておきながら、いけんようになってから先生に言うてくるパターンですな。ゲームがいけんのですねえ。私らのときにはなかったけえなあ。

結論から言えば、心配せんでええです。**子どもは、困っとらんけえ勉強せんのです。今のところちゃんと授業が分かっとるんでしょう。こりゃあいけん、と思うたら急にやり出します。**そういうもんです。

心配なら、気持ち悪いくらい優しい声でこう言うてみてください。「勉強せん子は授業がよう分かっとるからじゃって、103歳のおばあさんから聞いたよ。えかった、えかった。あなたも分かっとるんじゃね。お母さんは安心よ」っ

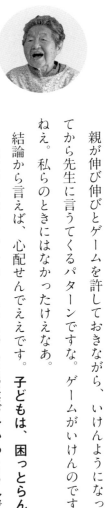

て。いつも厳しいお母さんが優しゅうに言うたら、子どもも心にこりゃいけんわって思うかもしれんね。

お悩み９

子どもが小さいうちは、子育てを率先してやってくれる夫は世界一のパパだと思っていました。子どもも思春期に入り手が離れた今、夫婦の会話が楽しくありません。どうしたら仲良く暮らせるでしょうか。（40代女性）

ありゃまあ、これもお悩みでございますか？　羨《うらや》ましい話ですなあ。子どもがおって、世界一のパパってだけで十分じゃと思います。十分幸せ。というても、ご本人はそうは思わんのでしょうなあ。

もし、夫との会話がつまらんと悩むんだったら、自分から楽しい話をすればええと思いますよ。**相手に任せっぱなしじゃのうて、自分が話題**

を考えるんです。縁あって夫婦になったんじゃから、相手にばかり求めんことです。夫婦は二人で一つ。仲良うしようと思うたら自分から動くんです。

旦那もこの世にいるうちが花。そうやって悩めるうちが花ですなあ。私みたいに、天に向かって話しかけるんはつまらんですよ。隣に聞いてくれる人がいてくれるだけで幸せ。お父さんの話に「ほうね、ほうね」って返事してあげられるだけで幸せ。大げさに楽しんで笑ってあげたらええですよ。「お金がナイチンゲール」って笑わせてあげてもええじゃない。哲代さんが録音して送りましょうか？　夫婦の会話がしーんとなったら「ちょっと待ってね」って流してくださいな。どうか二人で仲良う幸せに暮らしてください。頼みますよ。

お悩み10

小さいころからずっと「イラストレーターになりたい」と夢見ていた娘が、中学生になってから「好きなことで稼ぐのは難しいから会社員になりたい」と言うようになり、美術系やデザイン系ではなく「私立文系」の進路を希望してい

ます。親としては普段から絵の技術も磨いているのにもったいないと思いますが、娘の主張を尊重するべきでしょうか。

（40代女性）

夢見ていた子が、現実的になったんですね。進路を変えるというんは、会社員にも魅力を感じとるということでしょうなあ。**本人が決めたことを、親は受け止めてしっかり応援してあげたらいいと思います。**

子どもは成長とともに、自分を知ってくる。中学生になれば、自分の力も分かってくる。絵を描いて稼ぐことの厳しさも考えてのことでしょうなあ。

でも絵を描くということは一生できます。**職業も一つに決めなきゃいけない時代でもない。親は子どもの決断を尊重してあげて、選択肢があるということも教えてやってほしいですね。**イラストレーターも諦めるんではなく、選択肢の一つにして。まだまだ長い人生なんじゃから。それにしても、こうやって自分で決められる中学生、えらいです。私も応援してやりたいねえ。

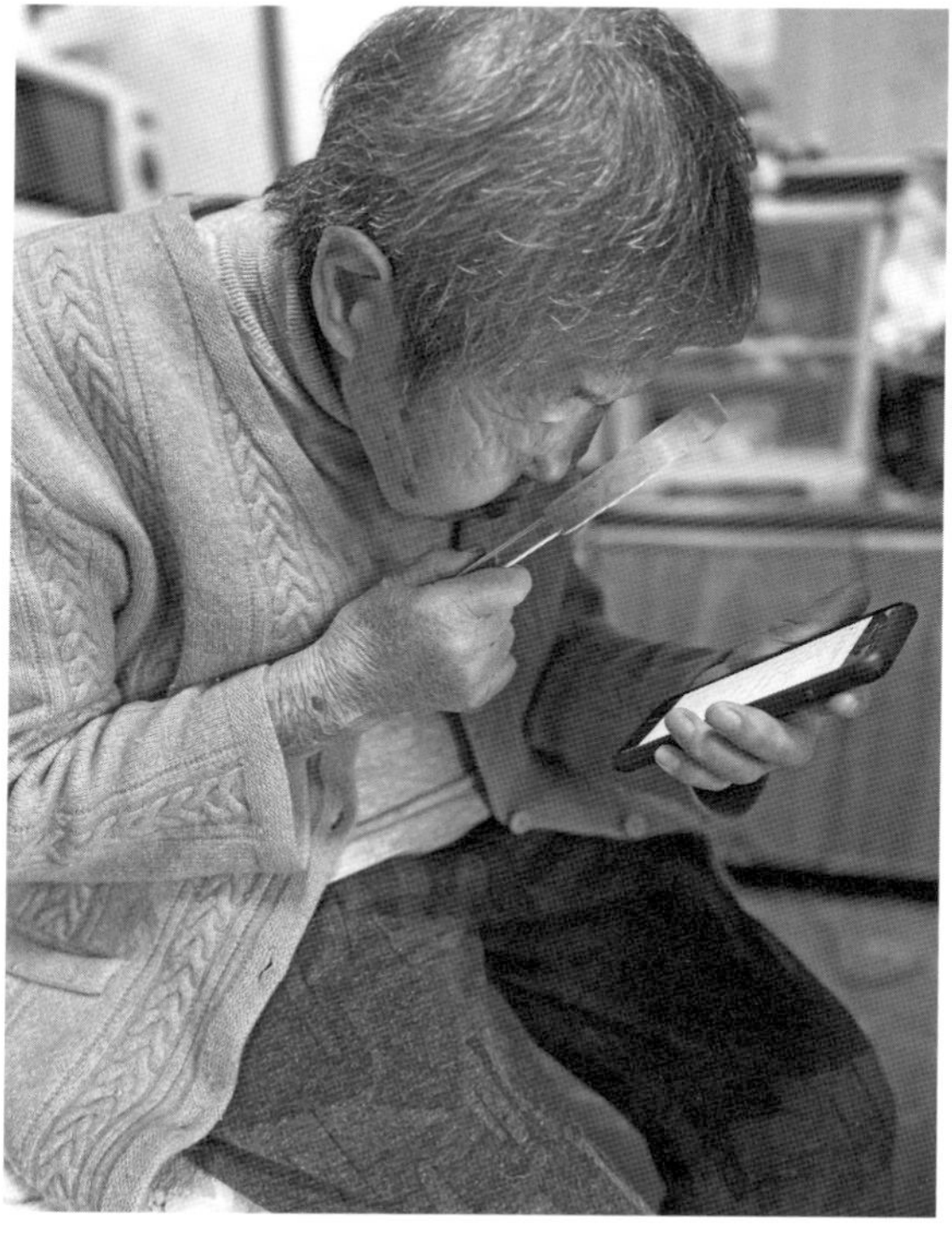

体は思うように動かんけれど、
心だけは自由です。
ドクンドクンと活発に動くんでございます。

第六章　自分を励ます名人になる

それは前触れもなく姿を見せると哲代さんは言います。気力を食べてしまう「弱気の虫」。一人で過ごす夜だったり、しとしと雨の降る日だったり……。

寂しい気持ちに引き寄せられるように、ひょっこりやってくるそうです。

「一刻も早く退治せんといけません」

哲代さんは自分を励ます名人になって、弱気の虫を追い払います。

年々、手ごわくなる「弱気の虫」

ああ、この先どうなることやらとか。いつまで一人暮らしが続けられるんかな、とか……。弱気の虫の正体は、思うてもしょうがないことばかりです。なのについ考えてしまうんですね、おばあさんは。心がしぼむばかりです。これが年をとるほどに手ごわくなりよるんですね。やっかいなもんです。

じゃが、この虫は自分の心の中におるんですものね。**死ぬるまで一生つきおうていかんといけんのですから。薬をまいて退治できるわけじゃなし、誰かがやっつけてくれるわけでもない。だからなるべく大きゅうせんように、太らさんように。自分でコントロールして、できるだけ早うに離してやらんといけません。**

声が武器です

気持ちが下りそうと思ったら、こう自分に言い聞かせるの。**「どうしたん、これでくたびれたら、みなさんに合わす顔がないよ。ちっぽけなこと考えんさんな、はいもう終わり！　おしまい！」って。まずは強気に出ます。それが私の戦術。**声も大事な武器でございます。普段、おしゃべりで鍛えとるせいですかな。大きな声が出るんです。元気でないと、なんぼなんでも声が出ませんよね。じゃから、この声に励まされておるんでございます。お金は要りませんし、もったいないから大いに使わせてもろうとります。

　夜、仏さんにお経を上げる日課も続けておりますよ。ろうそくをともして線香たいて、声を張り上げとります。天まで届けってなもんです。

ひとり言は最強

ひとり言も多いですなあ。「さあ、おやつをいただきますよ」とか、「そろそろ床に入る時間ですよ」とか、無意識のうちに自分に話しかけよります。**一つ一つの動作のスイッチを入れて、自分の背中を押すっていうんかな。不思議とヤル気が出るんですね。**

身の回りのモノも話し相手になってくれます。例えばこのお茶を沸かす（ＩＨ）ヒーター。やかんを沸騰させたら「3・2円」って電気代の表示が出るの。「へー、そんなことまで教えてくれるんですか、賢いねえ、あなたは」って褒めてあげるん。なんだか楽しい気分になります。

歌が好き

歌を歌うんも好きです。弱気の虫を追い払うのにもええの。自分じゃあ鼻歌のつもりが、大きな声で歌うとるようなんです。

この間、講演に呼ばれて話をしに行ったんじゃけど、なぜか歌をリクエストされました。よそ行きの控えめな声で歌わせてもらいましたが、聴衆のお一人がその場で「驚きました」っていう感想をくださったん。その方は看護師さんで多くの高齢者に接しておられるんじゃが、こんなに大きな声を出せる年寄りはおらんそうで。まあ、すっかり気を良くしたんでございます。

夜のルーティン

弱気の虫はやっぱり夜に顔を出すことが多いですなあ。じゃから夜は規則正しく過ごします。夕飯食べて後片付けして、日記を書いて、直ちゃん（横山直江さん、近くに住む姪）の家の明かりに向かって「お休みなさい」を言って、10時までには床に入るん。ルーティンっていうんですか。**やることを決めて、毎日同じように繰り返すの。余計なことを考える隙間をなくす作戦でございます。**

以前は「良英さん、お休みなさい」ってかわいげに言って寝よったんです。じゃが今は、違いますねえ。「ありがとうございました」と言って寝るんです。まずは自分自身に、今日もよう頑張ったねの「ありがとう」。良英さんやご先祖さまへの「ありがとう」。それに、私を支えてくれるみなさんへの「ありがとう」――。大勢の人に向かって言いよるんでございます。まあ、いっぺんで済ませると は横着もんでございますなあ。

感謝の気持ちで一日を終えると幸せな気持ちになりますね。明日を生きる活力をいただくというんかね。こうしておばあさんは何だかんだ言いながら、床に就けばストン、グーなんでございます。

日記を真面目に付ける

こないだ、注文していた「3年（連続）日記」が届いたの。3年分の日記を付けられるノートです。これで何冊目になろうかな。今の日記帳は今年（2023年）で書き終えるから、新しいのを買いました。

でもね、注文してから「しもうた、頼まにゃよかった」って思うたん。3年日記なんて全部使い切れんだろうから、紙がもったいないなあって。だって3年後っていうたら106歳ですよ。さすがに、いよいよ化けもんでございましょう。

え、縁起でもないって？　そう

じゃなあ。**でも命に限りがあるのは当たり前のことです。人は一人で生まれて一人で死ぬるんだから。怖がってばかりおられんのですね。**

わたくしの人生です、人頼みにはできません。自分を助けるのは最後まで、自分しかおらんですね。終わりのことばかり心配して今を楽しまないともったいないって、おばあさんは思うようにしております。

じゃけえね、**残り時間を見つめると、なんかこう周りの景色が輝いて見えるんですね。**もしかすると、この季節を生きるのは最後かもしれんて考えたら、雪の白さも新緑の青さも胸に迫ってくるっていうんかな。目に入るものが全部いとおしゅうなるんです。

日記を読み返すと、１００歳のときは畑に出たり、お寺さんに参ったりしてよう動いとりました。今はすっかり行動範囲が狭うなってしもうて。３年で起きた自分の変化をまざまざと見せられるっていうんかな。これも受け止めるしかありません。

でも、１０３歳になってからのほうが日記は真面目に付けておるんですね。物忘れがひどうなってきたからというのもあるんじゃが、１日１日の重みがね、やっぱり増しておるのでございます。じゃけえね、1日でも長くおばあさんは、この日記に言葉を書いていきます。

ありゃ、もう暗くなってきたなあ。あなたら早う帰りなさい。気を付けて車を運転するんですよ、家族が待っておるんじゃけえね。何の縁か知らんが、あなたらに会えてうれしかった。いや、**うれしかったの過去形じゃのうて、ING でございます**。

おわりに「53歳と50歳、103歳の言葉を追いかけて」

中国新聞社　木ノ元陽子・鈴中直美

この原稿の締め切りが迫った2023年11月、哲代さんが入院したという知らせを受けた。また足が腫《は》れて激しい痛みに見舞われたとのことだった。103歳になって三度目の入院だ。さすがに落ち込んでいるのではないか。ベッドでうなだれる哲代さんを想像すると、いてもたってもいられなくなった。

コロナ流行後の病院は、まだ面会がままならない。お願いをして10分だけ会えることになった。車いすに乗った哲代さんがナースステーションで待っていてくれた。少し痩せたかな、でも顔色はよさそう――。その表情、最初の言葉に私たちは意識を集中させる。

こちらの姿に気付くと、哲代さんは「わお-、よう来てくれたなあ」と大げさに驚き、喜んでみせた。そして「三食昼寝付きでございます」と言って、へへへと笑った。治療のおかげで足の腫れはひいたという。心配する私たちを早く安心させようと、いつも通りのオーバーアクションと冗談で迎えてくれたのだった。どんなときも気づかいの人だ。私たちの考えることなど、すべてお見通しなのである。

哲代さんが100歳になった春からその姿を追い、言葉に耳を傾けてきた。この人と長く、同じ時間を過ごせますように。ずっとそう念じてきた。1年、また1年。私たちの祈りは次第に強く、切実になっている。哲代さんの中で起きている変化に、こちらの心が追い付かないときがある。

口には出さないが、足の痛みがつきまとうのだろう。103歳になってからは家の前の坂の上り下りが難しくなり、相棒のタッタタッタにも乗らなくなった。歩くとき1本だった杖が、2本になった。自分一人でやると決めていたトイレ掃除もヘルパーさんを頼るようになった。

いちいち動揺する私たちとはうらはらに、自身の体の変化を哲代さんは冷静に捉えていた。「1日1日が重たい。真剣勝負でございます」と覚悟を語った。

自分を叱ったり慰めたりしながら、揺れる心を立て直していく。「体は思うように動かなくても心は自由に動きます」。感受性をフルに働かせ、今を生きる喜びを味わい尽くそうとする。

できないことが増える一方で、哲代さんの言葉はよりいっそう研ぎ澄まされていくのが分かった。ああ、すごい。すごいなあ――。100歳で歯を食いしばって大根を抜く哲代さんもすごかった。でも103歳も終わりに近づいた今、違う学びを私たちに与えてくれる。どう生きるか。そして生き切るか。

担当記者二人は53歳と50歳。合わせてちょうど、哲代さんの年になる。私たちが老いて、どうしようもない不安や寂しさに襲われたとき、この人の言葉を思い出すだろう。きっと弱った心を助けてくれる。半人前が二人がかりで拾い集めた、たくさんの「名言」をみなさんと分かち合いたい。

「なーんちゃって、偉そげですなあ」

哲代さんのはにかむ顔も一緒に、思い浮かべてほしい。

面会の10分は瞬く間に過ぎていく。後ろ髪を引かれる思いで哲代さんの手を握る。使い込んだ手は小さくて、ほのかに温かい。こちらが力を込めると、それ以上に強く握り返してくる。

「用心して帰りなさいよ」

いつものように私たちに言って、ぎゅーっと長く握ってくれる。イタタタと顔をゆがめながら、涙が出そうになる。

退院したらまた会いに行こう。自宅に戻るか、次は施設という選択もあるかもしれない。どの場所にいても、哲代さんは自分の時間を全力で生きるだろう。春には104歳。その命のきらめきを伝えていく。

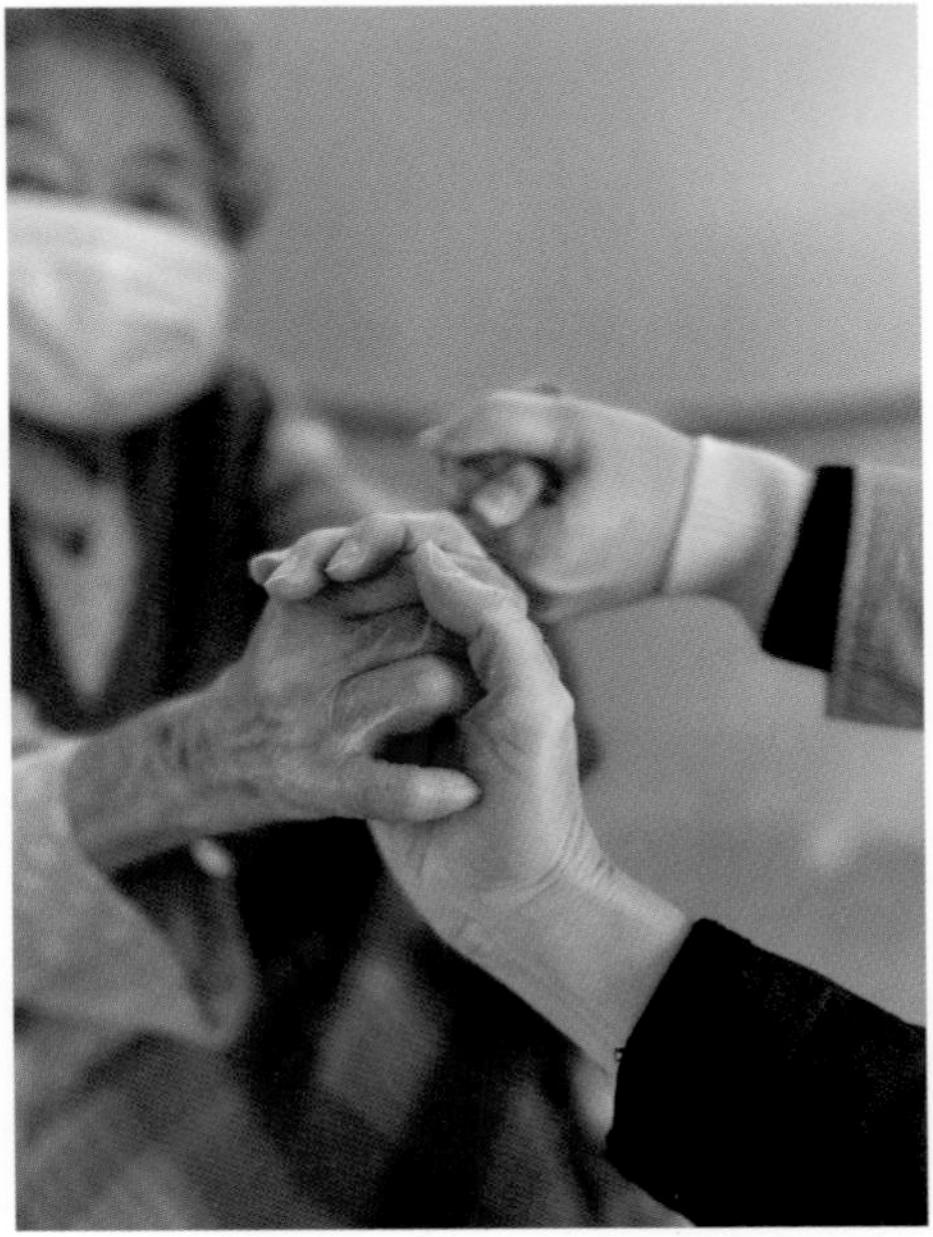

哲代おばあちゃんの写真アルバム

哲代おばあちゃんの日々を写真でお伝えします。

朝のテレビ番組にリモート出演

オンラインで「広島蔦屋書店」主催のトークイベントに参加

テレビの撮影で訪れた母校の上下尋常高等小学校（現・上下北小学校）。
当時から立派だったイチョウの木の下で

今も黒電話を愛用

いりこと合わせてフキの甘辛煮を作る

ZZZ……

ぽかぽかと日当たりいい
縁側でつい居眠り

土間の台所から寝室に上がる小さな階段。
段差だらけの「バリアアリー」な家で足腰を鍛えてきた

冬は足元から冷え込む台所

差し入れおかずのない夜は配食のご飯を食べる。
一人でも「いただきます」「ごちそうさま」は大きな声で

故郷の上下町のかかしまつりに登場した「哲代さんかかし」と本人。
「よう似とりますなあ」

左から鈴中さん、哲代さん、木ノ元さん

石井哲代（いしい・てつよ）

１９２０年、広島県の府中市上下町生まれ。20歳で小学校教員になり、56歳で退職してからは畑仕事が生きがいに。近所の人からはいまも「先生」と呼ばれている。26歳で同じく教員の良英さんと結婚。子どもはおらず、２００３年に夫が亡くなってからは親戚や近所の人に支えられながら一人暮らしをしている。１００歳を超えても元気な姿が「中国新聞」やテレビなどで紹介されて話題になり、２０２３年1月に刊行した初めての著書『１０２歳、一人暮らし。哲代おばあちゃんの心も体もさびない生き方』がベストセラーに。

木ノ元陽子（きのもと・ようこ）

１９７０年、大阪府堺市生まれ。中国新聞社編集局次長。

鈴中直美（すずなか・なおみ）

１９７３年、広島県東広島市生まれ。中国新聞社報道センターくらしデスク。

石井哲代さんの100歳からの暮らしぶりを
中国新聞デジタルで紹介しています。こちらからどうぞ。

撮影：井上貴博、鈴中直美、木ノ元陽子、大川万優、坂永弥生、文藝春秋

デザイン：大久保明子

初出：中国新聞（2022年11月28日～ 2023年10月22日）に
書き下ろしを加え、再構成

103歳《さい》、名言《めいげん》だらけ。なーんちゃって
哲代《てつよ》おばあちゃんの長《なご》う生《い》きてきたからわかること

二〇二四年三月三〇日　第一刷発行
二〇二四年四月　一日　第二刷発行

著者　石井《いしい》哲代《てつよ》・中国新聞社《ちゅうごくしんぶんしゃ》
発行者　小田慶郎
発行所　株式会社　文藝春秋
〒一〇二-八〇〇八
東京都千代田区紀尾井町三番二十三号
電話　〇三-三二六五-一二一一
印刷・製本　萩原印刷
DTP　エヴリ・シンク

ISBN978-4-16-391823-5